Tamina Freier

Zwischen Bürokratie und Wahnsinn

Meine Erlebnisse in den unendlichen Weiten der Servicewüste und der wunderlichen Welt des Wandels

D1718394

Copyright: © 2021 Tamina Freier
Coverbild: massonforstock (depositphotos.com)

Verlag und Druck:
tredition GmbH
Halenreie 40-44
22359 Hamburg

Softcover 978-3-347-40491-5
Hardcover 978-3-347-40492-2
E-Book   978-3-347-40493-9

Bibliografische Information der Deutschen Nationalbibliothek:
Die Deutsche Nationalbibliothek verzeichnet diese Publikation in der Deutschen Nationalbibliografie; detaillierte bibliografische Daten sind im Internet über http://dnb.d-nb.de abrufbar.

Inhaltsverzeichnis

Gedanken, Ausblicke, Möglichkeiten

Zur Entstehung des Buches, zu meiner Person und Dank

*Wir müssen von Zeit zu Zeit
eine Rast einlegen und warten,
bis uns unsere Seelen wieder
eingeholt haben.*

Indianisches Sprichwort

Wieso bleibt mir so wenig Zeit?

An sich habe ich mal ein ganz angenehmes Leben geführt. Regelmäßig in Vollzeit gearbeitet, Freunde und Familie getroffen, Bewegung, Sport, Wellness, Weiterbildungen, gerne mal ein neues Hobby ausprobiert, Zeitung gelesen und auch mal ein Buch. Haushalt, Auto, Formalitäten etc. – es war alles machbar und trotzdem blieb noch Zeit für die schönen Dinge.

In etwa den letzten zehn Jahren hat sich etwas verändert. Ich komme im Gesamtpaket gefühlt kaum noch klar. Es bleibt mir zu wenig Lebenszeit und ich empfinde immer mehr Sinnfreiheit. Ich komme mittlerweile etwa alle vier bis fünf Jahre an meine Grenzen. Oder sogar drüber. Burnout.

Ich sinniere mit meiner besten Freundin. Früher haben wir unter anderem viel Kreatives gemacht. Schleichend ist vieles verschwunden, was Spaß gemacht hat. Was war anders? Liegt es am Alter? Bin ich mit Anfang 50 jetzt schon dement? Alzheimer? Sonstwie abnehmende Gehirnleistung? Muß ich mir Gedanken machen?

Wir hatten keinen Computer. Und kein Handy. Seltsamerweise haben sowohl wir als auch unsere Eltern irgendwie überlebt.

Ich war es in meinem Arbeitsleben gewohnt, die Aufgaben zeitnah und korrekt zu erledigen. Ich habe noch relativ struktiertes, logisches und effizientes Arbeiten miterleben und praktizieren dürfen. Ich war fachlich sogar richtig gut. Und es hat im Großen und Ganzen gar nicht so schlecht funktioniert. Denselben Anspruch habe ich an meine private Bürokratie. Beides kann man jedoch mittlerweile meistens vergessen. Bürokratie sollte doch eigentlich eine gewisse Ordnung und Sicherheit schaffen. Sie war schon immer komplex und umfangreich. Aber gelinde gesagt lief es schon mal wesentlich besser.

In der Schule hieß es, wir lernen für's Leben. Leider wurden wir nie über den Umgang mit Bürokratie unterrichtet. Wie macht man eine Steuererklärung, welche Versicherungen gibt es, was muß man in einem Todesfall tun, wohin muß man sich wenden, wo bekommt man Hilfe, welche Formulare gibt es und wie füllt man diese aus? Das Leben scheint jedoch immer mehr daraus zu bestehen.

Themen wie zum Beispiel Versicherungen, Steuererklärung, Vorsorge, Reklamationen und noch viele andere werden auch von mir erst mal "gerne" prokrastiniert. Sogenannte Aufschieberitis. Wenn ich dann die Zeit und Muße finde, stehe ich vor einem riesigen Berg. Einer Flut von Informationen, aus denen ich zuerst die überhaupt relevanten herausfiltern muß. Allein das ist oft schon eine Herausforderung. Wenn ich diese habe, passiert es nicht selten, daß die Inhalte unverständlich sind.

Das nächste Fiasko erwartet einen, wenn man eine telefonische Klärung erwirken will. Gerne wird man bei sowieso schon mangelnder Erreichbarkeit, langer Verweildauer in der Warteschleife und endloser musikalischer Beschallung auf den jeweiligen Internetauftritt des Unternehmens verwiesen, wo einen die nächsten Hürden erwarten. Die Digitalisierung, die einem eigentlich das Leben erleichtern soll, wird zum Hemmschuh.

Über Vergleichsportale soll man einen passenden Anbieter für diverse Bereiche finden können. Diese beinhalten aber auch nur ein begrenztes Portfolio und keine Komplettauswahl. Irgendwie werden diese Portale ja schließlich auch finanziert.

Konditionen und Tarife sind oft undurchsichtig und für den Verbraucher kaum nachvollziehbar. Wenn man tatsächlich nach eingehenden Recherchen zum Vertragsabschluss kommt, bleibt ein fahler Beigeschmack. Ist das wirklich der Richtige oder hätte es vielleicht doch einen Besseren gegeben?

Nicht nur ich verbringe immer mehr Zeit mit diesen Dingen. Nicht nur ich rege mich darüber auf. Nicht nur ich zweifele an meinen Fähigkeiten, wenn bei der Online-Nutzung etwas nicht funktioniert. Dabei liegt es oft gar nicht am User. Es bleibt immer weniger Zeit für Freunde, Familie, soziale Kontakte, Hobbys und andere schöne Dinge. Aber ich habe einfach Lust, davon so viele wie möglich zu tun! Ich nehme immer weniger an den Geschichten und Sorgen der Anderen teil, weil die Kapazität meines Gehirns das zu den eigenen Themen offenbar gar nicht mehr aufnehmen kann.

Kürzlich stand ein Artikel in unserer örtlichen Zeitung über die steigende Aggression von Kunden am Telefon. Der kam mir gerade recht. Ich verfasste einen Leserbrief dazu. Ich merkte jedoch recht schnell, daß mir die 1200 Zeichen, die hierfür zur Verfügung standen, bei weitem nicht ausreichten. Unter anderem dadurch entstand die Idee zu diesem Buch. Die Fallbeispiele mögen sich partiell wie eine Comedy lesen. Aber diese Geschichten sind Tatsachenberichte – bis auf zwei alle aus diesem Jahr! Das zeigt, daß es keine Einzelfälle mehr sind und wie sehr das Ganze überhandnimmt. Manche haben eine gewisse Situationskomik und so kann man durchaus drüber lachen. Aber an sich ist es ein Trauerspiel, was hier passiert. Wieso ist das so? Welche Auswirkungen hat das? Gibt es Möglichkeiten?

Bücher kann wahrscheinlich nicht nur ich mit Geschichten und Anekdoten füllen. Wie heißt es so schön: "Wenn dir das Leben Zitronen gibt, mach' Limonade draus." In diesem Sinne…

Wenn einer eine
Reise tut

Senk ju for trävelling – zwischen Buchungsportal und Endlosschleifen

„Senk ju for trävelling wis Deutsche Bahn. Gud bai." Den berühmten Ausspruch hört man immer seltener. Es scheinen mittlerweile immerhin mehr Mitarbeiter bei der Bahn eingestellt worden zu sein, die des Englischen zumindest soweit mächtig sind, das "ti-äitsch" korrekt aussprechen zu können. Um eines vorweg zu nehmen: die Bahn ist nach meinem Cabrio mein liebstes Verkehrsmittel, rangiert bei mir persönlich auf Platz zwei. Auch liebe ich historische Züge. Und natürlich ist auch nicht alles schlecht. Aber diese Geschichte ist schon ein Schmankerl.

Eine Bahnreise im Internet zu buchen kann sich zu einem recht umfangreichen Thema auswachsen. Ich plane einen Trip auf eine Nordseeinsel. Welche Verbindung ist am Sinnigsten? Lieber aus der einen oder der anderen Landeshauptstadt? Oder vielleicht mit Zwischenhalt? Die Verbindung sieht gut aus. Wobei – nur fünf Minuten Umsteigezeit? Nee, erfahrungsgemäß wird das nichts. Was das angeht, könnte ich vielleicht doch noch Lokführerin werden, unpünktlich bin ich auch ziemlich oft. Irgendwas ist immer.

Endlich ist die Entscheidung gefallen. Gebucht. Allerdings wird in der Bestätigungsmail in dem einen Zug zurück trotz Reservierung kein Sitzplatz angezeigt. Was hat das zu bedeuten? Ist er schon komplett ausgebucht? Wegen Corona sind die Kapazitäten ja beschränkt. Oder fährt er gar nicht? Komme ich am Ende nicht zurück? Buchen konnte ich ja. Dann ist es an sich das Problem von der Bahn…

Aber es lässt mir doch keine Ruhe und so rufe ich anderentags vor dem Homeoffice bei der Hotline an. „Die Wartezeit beträgt mehr als zehn Minuten", heißt es da. Das liegt im Auge des Betrachters und ist dementsprechend relativ. Ich lege den Hörer neben hin. Leider hat das Telefon keinen Lautsprecher (ja, ich müsste hier mal aufrüsten) und so höre ich immer mal wieder rein. Musik und die typischen Standardphrasen. Ich koche meinen Kaffee, schnippele mein Obst, esse selbiges, räume die Spülmaschine ein und aus und ich weiß nicht mehr, was ich noch alles erledige in der Zeit, wo sich bei der Bahn so gar nichts tut. Etwa in Minute 45 will ich gerade auflegen, da höre ich doch noch eine echte menschliche Stimme am anderen Ende. Hurra! Ich schildere dem freundlichen Herrn mein Anliegen und meine Wartezeit in der schieren Endlosschleife, wofür er persönlich aber ja nichts kann.

„Es kann sein, daß noch nicht klar ist, welcher Zug eingesetzt wird und daß deswegen keine Reservierung angezeigt wird. *Aber leider bin ich dafür nicht zuständig, da muß ich Sie nochmal weiter verbinden."*… Von mir aus! Kommt ja jetzt auch nicht mehr drauf an.

Nach weiteren zwei Minuten in der Endlosschleife ertönt das Besetztzeichen und ich bin raus! Es ist nicht zu fassen! Zirka 47 Minuten verschlissen und kein Ergebnis! Und mein Arbeitsbeginn ist auch wieder bis zum Maximum ausgereizt. Wird also insgesamt wieder ein langer Tag – wie so oft. Gottseidank arbeite ich partiell im Homeoffice. Sonst könnte ich solche Dinge gar nicht in Angriff nehmen. Wann soll man das alles machen?

Entnervt beschließe ich, am nächsten Tag den Serviceschalter am Bahnhof aufzusuchen. Vorher nutze ich die Möglichkeit, das Ticket zu drucken. Die Schlange am Schalter ist auch nicht gerade kurz, und ich warte zirka eine Viertelstunde. Währenddessen schaue ich noch mal auf das ausgedruckte Ticket. Habe ich jetzt Halluzinationen? Da steht eine Reservierung! Ich fasse es nicht. Ich schildere dem Herrn am Schalter die Geschichte. „Wenn es da jetzt drauf steht, wird es schon stimmen" – spricht's und gibt mir die Printversion meines Tickets zurück. Seltsam. In der Mail ist es nicht ersichtlich, aber auf dem Ausdruck? Verstehen muß ich das nicht.

Die Fahrt selbst hat keine bürokratischen Hürden, aber weitere Pleiten, Pech und Pannen. Ein einziger Slapstick. Fortsetzung folgt …

Eine Bahnfahrt, die ist lustig

Los geht's. Um 07:19 Uhr geht der Zug. In unserer Region ist zum wiederholten Mal eine Brücke marode und deswegen gesperrt, was zu einem weiträumigen Verkehrschaos führt. Ist glaube ich mittlerweile die dritte. Der Zahn der Zeit nagt an den Bauwerken. Zur Bauzeit waren noch nicht so wahnsinnig viele Autos unterwegs wie heute, und die Brücken waren nicht für so eine Masse an Verkehr ausgelegt. Konnte man damals auch nicht ahnen, daß sich das so explosiv entwickeln würde. Aber statt daß man regelmäßig repariert und ausbessert, wird bekanntlich oft alles so lange laufen lassen, bis es kracht – im wahrsten Sinne des Wortes.

Auf Anraten meiner Nachbarin habe ich mir ein Taxi bestellt. „Nachher fällt der Bus aus und dann klappt es mit dem Anschluß nicht." Recht hat sie, und das habe ich tatsächlich schon erlebt. Adrenalin pur. Das war damals ein historischer Sonderzug. Der wartet nicht. Der darf froh sein, daß er die Strecken nutzen darf. Aber das hatte gerade noch geklappt. Ich merke, das wäre ein eigenes Kapitel …Im aktuellen Fall kommt das Taxi aber nun auch nicht. Gottseidank habe ich ein bißchen mehr Zeit eingeplant. Mit zirka zehn Minuten Verspätung kommt es nach zwei Anrufen schließlich doch. Gottseidank ist kein Stau und ich komme beizeiten am Bahnhof an.

Der Zug kommt pünktlich. Ich stehe vor Wagen 14 – vor verschlossener Tür! Ich kann auch gar nicht ausmachen, wie ich sie öffnen soll. Keine Türklinke da. Seltsam. Ich gehe zur zweiten Tür. Selbes Spiel. Bringt nix. Ich gehe zum nächsten Wagen, um da einzusteigen, sonst fährt der Zug am Ende noch ohne mich ab. Von diesem Wagen will ich in den von außen verschlossenen, um an den von mir reservierten 1.-Klasse-Platz zu gelangen. Der Durchgang war ebenfalls versperrt. Ich treffe auf einen Zugbegleiter (was ja auch nicht immer der Fall ist, wenn man einen braucht). Sinngemäß: „Ja, der Wagen ist alt und dann geht er auch mal kaputt." Aha. Immerhin kann ich in dem aktuellen Wagen sitzen bleiben und bis Köln läuft alles gut. Es reicht sogar für einen kurzen Fotostop am Dom.

Der Folgezug nach Emden kommt zeitig und fährt pünktlich ab. Kurze Zeit später stehen wir. Signalstörung. Verzögerung zirka 30 Minuten. Zur Fähre beträgt die Umsteigezeit ganze acht Minuten. Das wird spannend! Aber es gab buchungstechnisch keine bessere Variante. Als es weitergeht, holt der Zug die Zeit wieder auf. Phantastisch! Aber die Freude währt nur bis Meppen. Irgendwann kommt die Durchsage, daß die Weiterfahrt unmöglich ist. „Die Strecke ist wegen Personenschaden gesperrt. Dauer zirka 105 Minuten." Oh Mann, auch das noch! Ob es ein Suizid oder ein Unfall war, erfahren wir nicht. Ungut ist es so oder so. Und wenn es Ersteres war, dramatisch, daß es soweit gekommen ist. In der aktuellen Corona-Situation hat die Zahl der Menschen mit psychischen Problemen noch weiter zugenommen. Die Isolation macht vielen zu schaffen und es macht was mit einem.

Neben mir sitzt eine Gruppe von vier Frauen, wir kommen ins Gespräch und bestellen beim Zugbegleiter ein Radler. Wenn es schon so ist, wie es ist, kann man es sich wenigstens im Rahmen des Möglichen ein bißchen nett machen. Eine zweite Runde Radler gibt es leider nicht mehr, ist aus. Für die Unannehmlichkeiten müßte es an sich Freibier zur zeitlichen Überbrückung und zur Verbesserung der nervlichen Belastbarkeit geben. Die Damen überlegen schon zu schauen, wann der letzte Katamaran fährt oder ein Hotel zu buchen. „Also ich mach mich da noch nicht verrückt", entgegne ich. „Erstens wissen wir ja noch gar nicht, wann es weitergeht und wann wir überhaupt ankommen. Und zweitens denke ich, daß sich die Bahn da was einfallen lassen muß." Ich bin ja selten so ruhig, aber das ist eine Situation, da kann man nichts machen. So ähnlich wie "Vor Gott und in einem Verkehrsstau sind alle Menschen gleich." Aus den 105 Minuten werden drei oder vier Stunden. Ich kann mir gottseidank die Zeit vertreiben. Lesen, rätseln, dösen, mich unterhalten. Unter anderem tauschen wir uns über Karnevalskostüme aus. Die Idee, sich als Qualle zu verkleiden, finde ich sehr belustigend.

Um etwa 15 Uhr heißt es, wir sollen in den Regionalzug steigen, der gleich am Gleis nebenan einfährt. Einem Teil der Passagiere glückt das. Als ich mich einreihe, macht er einfach die Tür zu – und fährt ab! Was ist das denn nun wieder! Da werden sogar Paare getrennt, der eine kann einsteigen, der Partner bleibt auf dem Gleis zurück! Als die Zugbegleitung wieder in Erscheinung tritt, heißt es, der Zug wäre eh nicht durchgefahren, das wäre ja wegen der Sperrung der Strecke auch für diesen nicht möglich gewesen. Wir sollen den nächsten nehmen. Der kommt in einer Stunde … Mein Gott! Ich will mich doch einfach nur mal entspannen! Nicht mal im Urlaub ist man von diesen ganzen Unwegbarkeiten verschont. Aber Aufregen bringt nichts und so lasse ich es sein. Kommt selten bei mir vor, aber schlußendlich ändert es ja nichts. Die Frauengruppe stimmt auf dem Bahnsteig karnevalistisches Liedgut an.

Der RE15 zum Emdener Hauptbahnhof kommt um 16:09 Uhr. "Genießen Sie das Leben in vollen Zügen" – und das in Corona-Zeiten. Aber ist ja klar, wenn diverse Züge nicht weiterkonnten, ist es nun eben voll. Eine Jugendliche unter den Passagieren verhält sich verbal recht aggressiv und haut immer wieder mit der Faust irgendwo dagegen. Hoffentlich flippt sie nicht gleich aus. Gottseidank verläßt sie irgendwann den Zug. Keine Durchsage, wie es für uns "gestrandeten" Passagiere weitergeht, wo wir uns hinwenden müssen.

Am Emdener Hauptbahnhof steigen wir aus. Eine Treppe hoch, über eine Brücke die Gleise überqueren, eine weitere Treppe runter und zum Serviceschalter. „Nee, Sie müssen da rüber, da unten an den Schalter, der Kollege, der kümmert sich", bedeutet uns die Angestellte. Also alle Mann wieder zurück, Treppe hoch, über die Brücke, Treppe wieder runter. Unsere Meute fällt gesammelt bei dem Herrn ein. Es fährt ein Zug nach Norddeich Mole ein. Wäre auch ein alternatives Ziel, denke ich so bei mir. Mitten im Gespräch meint der Bedienstete hektisch: „Oh Scheiße! Moment mal!" Und greift zum Mikro, und aus den Lautsprechern ertönt über den ganzen Bahnhof: „SCHEEEIIIIßEEEEE!!! Der Zug nach Norddeich Mole fährt nicht auf Gleis vier, sondern auf Gleis

FÜÜÜÜNF, Gleis FÜÜÜ-HÜÜNF!" Das kam von Herzen! Schallendes Gelächter rundherum über diese Durchsage. Der Ärmste hat vor lauter Stress mit der Organisation für uns die Anzeige für den besagten Zug auf das falsche Gleis projiziert."In der Zeit, wo Sie Alle drei Stunden im Zug gesessen haben, habe ich hier sämtliche Hebel in Bewegung gesetzt und für Sie Transfer und Hotelzimmer organisiert." „Sie Ärmster! Ich kann mit Ihnen mitfühlen, in Ihrer Haut wollte ich nicht stecken. Sie können ja auch nichts dafür. Vielen, vielen Dank", lobe ich ihn. Nein, seinen Job hätte ich auch nicht haben wollen.

Es läuft alles überraschend unbürokratisch und der Transfer steht direkt bereit. Es ist ein sehr schnuckeliges Hotel mitten am Marktplatz. Als ich mir ein Paar Flyer am Empfang anschaue, erinnere ich mich. Ich war schon mal kurz hier in Emden. Wasser, alte Schiffe, Otto-Huus, schönes Wetter, Fisch essen – ich lasse es mir gut gehen und mache mir einen netten Abend.

Am nächsten Morgen geht es nach einem Frühstück genauso unbürokratisch weiter. Die Hotelabwicklung wurde von der Bahn erledigt, mit den ursprünglichen Tickets geht es auf die Fähre. Bei allem Chaos hat sie diese Situation, die nicht in ihrem Einflußbereich lag, doch schlußendlich gut gelöst, das muß ich zur Verteidigung sagen. Wenngleich der Informationsfluß während des Verlaufs natürlich hätte besser sein können. Klar kam ich einen Tag später an meinem Urlaubsziel an. Aber der Zwischenstop in Emden war wirklich schön. Und durch die Verspätung habe ich eine Bekanntschaft gemacht, die ich einen Tag vorher nicht gemacht hätte. Wir sind immer noch in Kontakt. So ist selbst so ein Vorfall wieder für was gut.

Die Rückfahrt verläuft dafür einwandfrei, auch die besagte Reservierung aus dem vorigen Kapitel. Sogar das WLAN ist durchgehend stabil. Unterwegs werden Kekse verteilt mit der Aufschrift „Lieblingsgast". Das finde ich einfach nett. Eine Verspätung unter fünf Minuten am Zielort bei einer achtstündigen Reise finde ich nicht der Rede wert. Auch so kann es gehen – und so soll es auch.

Das Fahrgastrechteformular ist problemlos auszufüllen und ich gebe es nach meiner Ankunft am heimischen Bahnhof ab. Zirka vier Wochen später bekomme ich Post. 50% des Fahrpreises wurden erstattet, aber nicht die entgangene Hotelübernachtung auf der Insel. Dann rufe ich mal wieder die Hotline an. Immerhin habe ich nach zwölf Minuten einen Menschen am Telefon. Er leitet die Frage weiter und ich soll Post bekommen …

Traumreise 2020 – this version has a virus

Weil Reisen leider immer wieder Beispiele für mangelnden Service liefern, hier noch eine Geschichte.

2020 sollte das Jahr werden, wo ich mir den ein oder anderen Traum erfüllen wollte. Unter anderem einen langersehnten Flug mit einem Zeppelin, einen mit dem A380, eine Reise nach Sri Lanka und im Anschluss auf die Malediven. Meine jahrelange Flugangst war so gut wie besiegt, sämtliche nötigen Impfungen getätigt, alles war gebucht. Ich hatte mich sogar überwunden, mir Kontaktlinsen anfertigen zu lassen. Tageslinsen, damit mir beim Schnorcheln oder Tauchen in der schönen Unterwasserwelt nichts entgeht. Auch eine Kamera zusätzlich zum Handy hatte ich angeschafft, damit ich Aufnahmen unter Wasser machen kann. Ich fotografiere leidenschaftlich gerne.

Als ich einem ehemaligen Schulkameraden bei einem Treffen zu Fastnacht 2020 von meinen Plänen erzählte, meinte er, ob ich irgend eine schwere Krankheit hätte, ob es mit mir zu Ende ginge oder so was. „Aktuell nein. Aber man weiß ja nie, was noch kommt und wie lange man es noch kann.

Sowas kann sich schlagartig ändern. Und unser aller Zeit ist begrenzt. Wir werden nicht jünger." Daß ein Virus mit Namen eines mexikanischen Bieres diverse Einschränkungen bezüglich solcher persönlichen Highlights verursachen würde, hatte sich keiner von uns in unserer hochzivilisierten Welt je vorstellen können. Auch ich habe anfangs nicht gedacht, daß es solche Auswirkungen haben würde. Es war noch so weit weg.

Kurz vor Antritt der Reise kam die Pandemie langsam näher. Ich hörte von einem Kollegen, daß seine geplante Japan-Reise abgesagt wurde. Ich konsultierte meinen Reiseveranstalter, um zu er-fragen, wie es mit meiner Reise aussieht. Man sag-te mir, sie würde durchgeführt. Auf meine geäußer-ten Bedenken hin hieß es, daß ich im Katastro-phenfall natürlich nicht alleingelassen würde und sie sich selbstverständlich kümmern würden. Zwiegespalten trat ich die Reise an.

Freitag, der 13. März 2020. Glück oder Unglück? Ein Traum hatte sich erfüllt – ich flog mit dem A380! Schon beeindruckend, wie groß der ist. Der Flug war angenehm und die Zeit flog auch. Mit den Bordcomputern konnte man Filme schauen, Musik hören und Spiele spielen. Ich spielte nach Jahren mal wieder Pacman und Solitär, was für ein

Spaß! Ich hatte aber auch Bücher in Papierform und auf meinem Reader im Gepäck, Rätselhefte, das Handy. Im Falle eines ungeplanten längeren Aufenthaltes wäre ich auf jeden Fall beschäftigt gewesen. Der Weiterflug erfolgte mit einer Boing 777. Beim Einsteigen lief man durch die First Class. Das war schon wie im Hotel. Und jeder einzelne Platz mit viel Freiheit. Das möchte ich mir bei einer künftigen Reise gerne mal gönnen.

Bei Ankunft in Colombo mußten wir einen Fragebogen mit Gesundheitsfragen ausfüllen. Es wurde Fieber gemessen, ein Arzt warf einen Blick auf uns. Wir mußten zirka drei Stunden auf unsere Koffer warten. Keiner wußte recht, was los ist. Soweit ich weiß, warteten nur Europäer oder gar nur Deutsche noch auf ihre Koffer, alle anderen angekommenen Passagiere konnten ihre Weiterreise antreten. Wir haben später gehört, daß ab dem Tag keine Einreise mehr möglich war. Glück oder Pech für uns? Möglicherweise mußten wir so lange auf die Koffer warten, weil erst noch entschieden wurde, was mit uns geschehen sollte? Vielleicht wollten sie uns direkt wieder heimschicken? Eine Mitreisende rief beim Reiseleiter an, um mitzuteilen, daß wir uns verspäten würden aufgrund des fehlenden Gepäcks. Der Reiseleiter sagte, wir sollten ihm dann bescheid geben. In den Flughafen gekommen, um die Situation zu klären, ist er nicht. Als wir dann endlich unser Gepäck hatten und auf den Reiseleiter trafen, sagte er, daß er quasi die Vertretung machen würde. Der eigentliche Reiseleiter habe wegen eines Notfalls abgesagt.

Das für diesen Tag geplante Programm konnten wir aufgrund der Verspätung nicht mehr ausführen. Überhaupt wurde die Reihenfolge des Programms immer wieder geändert. Vorteil war, daß die Sehenswürdigkeiten, die wir noch besuchen konnten, nicht so überlaufen waren, wie sie es normal gewesen wären. Immerhin hatten wir noch einiges gesehen. Verschiedene Tempel und eine Tempelzeremonie. Die Felsen mit den Wolkenmädchen. Der Reiseleiter hatte das Beste aus den Gegebenheiten gemacht.

Wir besuchten eine Familie, die uns die Verarbeitung von Kokosnüssen näher brachte, was sehr interessant war. Ich wußte nicht, wie vielseitig die Kokospalme ist und was man daraus machen kann. Kokosmilch, Fruchtfleisch, Öl, Schnaps, Besen. Aus den Schalen wurde Besteck hergestellt, aus den Fasern Seile. Nahezu alles von dieser Pflanze wird irgendwie verwertet. Wirklich beeindruckend – und vor allem nachhaltig.

Auch der Besuch in einem Gewürzgarten mit

Verkauf von ayurvedischen Produkten war sehr schön. Die Zugfahrt ins Hochland war ein Traum! Aber viele Menschen leben in sehr armen Verhältnissen. Das zu sehen macht demütig.

Der Reiseleiter erzählte immer öfter, daß die Sehenswürdigkeiten, die wir am vorigen Tag noch besichtigt hatten, mittlerweile geschlossen wurden. Die Citytour in Kandy wurde abgesagt. Es sei nicht gut für uns Touristen, in die Stadt zu gehen. Dies teilte ich dem Reiseveranstalter mit. Erst hieß es, die Flüge bleiben bestehen. Anderntags kam eine Info, daß sich die Rückreise von Dubai nach Frankfurt um zwölf Stunden verzögern würde. Dann wurde ich auf den Malediven in ein anderes Hotel umgebucht.

Etwa am fünften Tag erfuhren wir in einem unserer Hotels von anderen Gästen, daß Touristengruppen am nächsten Tag von ihrem Reiseveranstalter zurück nach Hause gebracht würden. Unserer hingegen machte diesbezüglich keinerlei Anstalten. Ein ungutes Gefühl machte sich breit.

Den Mitreisenden aus Nordrhein-Westfalen wurde die Weiterreise auf die Malediven untersagt. Ich bekam Infos aus Deutschland, daß die Malediven gesperrt seien. Eine Bekannte ist sogar extra einer Gruppe in Social Media beigetreten, um mich auf dem Laufenden zu halten. Dort gab es eine

Liste stornierter Flüge – fast alle in der nächsten Zeit! Damit konfrontiert meinte der Reiseleiter nur, im Internet stünde ja vieles, was nicht wahr sei.

Von einem anderen Mitreisenden gab es Infos über eine Rückholaktion des auswärtigen Amtes, es wäre sinnvoll, sich da zu registrieren – für den Fall der Fälle. Die Internetseite war natürlich permanent überlastet. Nach einiger Zeit und mehreren Versuchen hatte es gottseidank funktioniert.

Vom Reiseveranstalter kamen auf meine täglichen Anfragen und Updates zur aktuellen Situation entweder Standardmails mit der Bitte um Geduld beziehungsweise die Antwort, daß sie aus Deutschland recht wenig machen könnten. Ich solle mich an die örtliche Reiseleitung wenden.

Ich informierte sowohl Veranstalter als auch Reiseleitung, daß ich nach der Sri Lanka-Rundreise abbrechen und nach Hause möchte, da mir das alles zu unstet wurde. Mir wurde zwar ein phantastisches Hotel angeboten. Die Strände wären nicht überfüllt. Einerseits hätte es traumhaft sein können. Andererseits – wie würde es sich entwickeln? Was, wenn man nicht mehr raus kann – eingesperrt im Hotel, Betreten der tollen Strände verboten? Wie würden sich die Menschen verhalten? Würde es Ausschreitungen geben? Was, wenn man nicht mehr zurückkäme? Ich wäre dann auch nicht mehr in der Gruppe. Alleine als Frau, fast am anderen Ende der Welt? Ich mache so einiges, aber das wurde mir nun doch zu heikel.

Vom Veranstalter hieß es, daß ich mich bezüglich Flugumbuchungen an die Fluggesellschaft wenden solle, da sie fast keine Verfügbarkeiten angezeigt bekämen. Die Airlines würden Kapazitäten blocken, um gestrandeten Kunden helfen zu können. Klar, da können sie höhere Preise verlangen. Ich habe nochmals gebeten, sich zu kümmern, da ich schließlich eine organisierte Gruppenreise für nicht gerade wenig Geld gebucht hatte, eben damit ich mich nicht selbst kümmern muß. Mir wurde gesagt, daß die Preise extrem hoch seien. Da die Reise wie geplant stattfinden würde, wäre es dann ein Abbruch meinerseits, also auf meine Kosten. Sie würden sich um Fluggäste ohne Flug kümmern. Bei Flugstornierungen würden sie alle Hebel in Bewegung setzen. Na, sehr beruhigend.

Bei der Weiterreise durften wir kaum noch raus. Selbst kurze Fotostops schienen heikel zu sein. Trotzdem hatten Busfahrer und Reiseleiter sie uns immer wieder kurz ermöglicht. Überhaupt hatte unser Busfahrer Adleraugen. Er wußte genau, wo Tiere zu sehen waren und hatte zum Beispiel Elefanten und Wasserbüffel im entlegensten Winkel erspäht.

Beim nächsten Hotel standen wir zunächst vor verschlossenen Türen. Nach einigen Verhandlungen durften wir bleiben. Es hat aber mindestens zwei Stunden (wenn nicht gar drei) gedauert, bis wir alle ein Zimmer hatten. Die geplante Safari konnte natürlich nicht durchgeführt werden. Uns wurde gesagt, daß wir am nächsten Tag bis nach dem Mittagessen bleiben dürften, da wir Galle nicht mehr besichtigen könnten. Die Familie aus NRW wollte man trotz offiziellem Verbot nach Male schicken, so nach dem Motto, entweder es klappt oder es klappt nicht. Unverantwortlich! Deren Familienoberhaupt, das die ganze Zeit noch relativ entspannt war, wurde nun auch sehr ungehalten.

Am nächsten Morgen auf dem Weg zum Frühstück sah ich den Reiseleiter in rege Diskussionen mit der Polizei verwickelt. Ergebnis war, daß wir direkt nach dem Frühstück das Hotel verlassen mußten. Ein Anwohner hätte wohl gemeldet, daß in dem Hotel Touristen seien, was wohl nicht mehr erlaubt war.

Wir fuhren durch nach Galle, ohne Ess- und Toilettenpausen. Letzteres kann mit zunehmendem Alter eine ziemliche Herausforderung sein. Ich hatte während der Fahrt versucht, über mein Handy einen Flug zu buchen. Leider ist mir dies auch nach vielfachen Versuchen nicht gelungen. Mein Guthaben war danach aufgebraucht. Wie ich im Nachgang erfuhr, hatte mein Kreditkartenanbieter just in diesem Zeitraum seinen Internetauftritt überarbeitet und daran bin ich gescheitert. Wenn es kommt, kommt alles zusammen. Ich verlor so langsam die Nerven. Der Reiseleiter sagte, wenn ich umbuchen würde, sei er am Ende. Er sei mal in einer gefährlichen Situation gewesen und hatte Angst, hatte sie aber der Gruppe nicht gezeigt. Ich hingegen würde schlechte Laune in der Gruppe verbreiten. Hat er den Ernst der Lage nicht erfaßt? Ich wollte einfach nur noch nach Hause. Wir alle wollten nur noch nach Hause.

In Galle angekommen blieben noch zirka zweieinhalb Stunden, ab 18:00 Uhr gab es dann eine *komplette* Ausgangssperre für drei Tage! Und hier war für mich entgültig Schluß! Natürlich war ich in permantentem Kontakt mit dem Veranstalter. Immer wieder Standardmails und Vertröstungen. Irgendwann hieß es endlich, wenn ich vorzeitig nach Hause möchte, solle ich mich an die Reiseleitung wenden. Die Reiseleitung verwies an den Veranstalter – was denn nun?

Am Abend wurde die Weiterreise einer Mitreisenden von jetzt auf gleich abgesagt. Sie hatte einen Rückflug über ihr Reisebüro bekommen und hatte ihrem Ansprechpartner von meiner Misere erzählt. Das Reisebüro war so hilfsbereit, auch mir einen Flug zu besorgen, obwohl wir in keinerlei Geschäftsbeziehung standen. Da hatte ich wirklich zwei Engel.

Am letzten Tag fuhren wir ohne Pause durch. Es waren keine Touristenbusse mehr unterwegs, es war wie ausgestorben. Wir schienen die letzten noch Verbliebenen zu sein. Das Hotel war sehr schön, die Menschen sehr freundlich und hilfsbereit. Eine Angestellte sprach perfekt Deutsch, sie hatte mal in Frankfurt gelebt. Da meine Mitreisende in Sorge war, der Flug könne vielleicht überbucht sein, hatte sie uns online eingecheckt. Sie hat bestätigt, daß die Malediven tatsächlich gesperrt waren.

Am Abflugtag bekamen wir Nachricht von den Mitreisenden aus NRW, die bereits früh am Morgen geflogen sind, daß massig Flüge ersatzlos gestrichen wurden. Wir hatten den ganzen Tag die Sachlage beobachtet, was wohl mit unserem geschehen würde. An Entspannung war natürlich nicht mehr zu denken, wenngleich es eine sehr schöne Location war. Der Strand war menschenleer. So kriegt man das wahrscheinlich nie mehr. Schwimmen war wegen Corona verboten, man durfte nur bis zur Hüfte ins Wasser gehen und nur bis zu einer gewissen Uhrzeit an den Strand. Das wurde streng kontrolliert. Uns fielen am Strand Massen von schwarzen rabenähnlichen Vögeln auf, die sehr unruhig und lautstark hin und herflogen. Es erinnerte ein bißchen an den bekannten Horrorfilm. Nur zwei saßen ganz ruhig und entspannt auf der Palme gegenüber. Ich schaute zu meiner Mitreisenden und meinte: „Schau nur, die beiden, die sind ganz ruhig, obwohl alle drum herum hektisch und unruhig sind. Als wollen sie uns sagen: „bewahrt die Ruhe und alles geht seinen Gang." Klingt verrückt, aber es hat mich wirklich beruhigt. Irgendwann waren sie sang- und klanglos weggeflogen. Ich hoffte, daß dies auch bei uns der Fall sein würde.

Die Flugstornierungen setzten sich auf den Displays des Flughafens fort. Von anderen Passagieren hörten wir, daß sie bis zu 4000 Euro für den Flug bezahlt hätten. Da hatten wir mit ca. 1040 Euro ein richtiges Schnäppchen. Der Flug blieb bestehen! Wir hatten einen der letzten Flüge, die noch rausgingen. Wir hatten Zwischenstop in Oman. Ich glaube, das könnte mich auch mal locken. Aber ich hatte nach diesem Trip erst mal die Nase voll vom

Reisen. Beim Landeanflug über dem heimischen Flughafen liefen Tränen der Erleichterung. Ich war noch nie so froh, wieder nach Hause zu kommen. Da ist kein Stein vom Herzen gefallen, sondern ein ganzer Felsbrocken.

Am Flughafen keinerlei Fiebermessen, Registrierung, keinerlei Corona-Maßnahmen. Nicht nachvollziehbar. Hier, wo Rückkehrer aus aller Herren Länder aufeinandertrafen. Der S-Bahn-Steig war noch nie so leer. Gespenstisch.

Froh, daß das Ganze ein gutes Ende genommen hatte, folgten natürlich Diskussionen mit dem Reiseveranstalter. Den ganzen Sachverhalt dokumentieren, Ausfall kalkulieren und so weiter. Wieder mal zahlreiche Mails und einige Telefonate. Natürlich sollte meine Kalkulation gedrückt werden. Unter Anderem wollte man für den außerplanmäßigen Rückflug weniger bezahlen. Mit welcher Begründung?! Es wäre deren Job gewesen, den Flug zu besorgen. Erstens Aufwand für die Reisenden selbst, zweitens war das vergleichsweise ein Schnäppchenpreis. Einen Gutschein für eine nächste Reise wollten sie mir anbieten. Weiß ich, ob und wann das Reisen wieder möglich sein wird? Weiß ich, wie die Gesamtsituation weitergeht? Vielleicht werde ich arbeitslos? Vielleicht erkranke ich an dem Virus? Für Überweisung des Betrages statt eines Gutscheines sollte der Betrag dann nochmals geringer ausfallen. Und so weiter und so fort. Irgendwann willigte ich in ein reduziertes, aber für mich akzeptables Angebot ein. Ich denke, ich bin damit ganz gut gefahren. Aber es erfordert eine gewisse Hartnäckigkeit und es kostet Zeit und Nerven. Umgekehrt habe ich von anderen Fällen gehört, die auf ihrem Schaden sitzen geblieben sind oder ihr Geld erst sehr viel später erhalten hatten.

Ganz klar, wir hatten es hier mit einer Situation zu tun, die noch nie dagewesen ist und die alle vor große Herausforderungen gestellt hat. Aber ich fand es doch sehr befremdlich, daß sich der Reiseveranstalter erstmal komplett aus der Verantwortung gezogen und alles der örtlichen Reiseleitung überlassen hat, sogar trotz Gefahrenmeldungen des Auswärtigen Amtes. Bei der örtlichen Agentur gingen wirtschaftliche Interessen vor dem persönlichen Wohl und vor allem vor der Sicherheit der Reisenden – was ich unter den dortigen Lebensverhältnissen aber teilweise nachvollziehen kann. Die Menschen dort haben ganz andere Probleme.

Während andere Veranstalter schon rührig wurden und ihre Kunden zurückgeholt hatten, ließ der meinige es einfach weiterlaufen. Fürsorgepflicht gleich Null. Und vor dem Hintergrund, dem damit verbundenen Stress und den Diskussionen, unter diesen Bedingungen noch den Rückzahlungsbetrag drücken zu wollen, finde ich alles andere als gerechtfertigt. Eher wäre für diese ganzen Unannehmlichkeiten eine Wiedergutmachung angebracht gewesen.

Warum kann man als Kunde nicht einfach mal ernstgenommen werden und bekommen, was einem zusteht, ohne jedesmal zeitintensive und nervenaufreibende Diskussionen führen zu müssen? Recht haben und Recht bekommen sind leider nur zu oft zwei Paar Schuhe.

Wahrscheinlich wird meine Wahl bei einer nächsten Reise nicht wieder auf diesen Veranstalter fallen, wenngleich das Programm an sich und die Hotels keinerlei Wünsche offen ließen. Es hätte traumhaft sein können. Sch… Corona!

Immerhin kam bezüglich der Rückholaktion eine Anfrage per Mail, ob diese für mich noch relevant sei. Dies konnte ich gottseidank verneinen. Zumindest wäre ich damit dann auch wieder nach Hause gekommen. Aber solch eine groß angelegte Aktion wird es sicher auch kein zweites Mal mehr geben.

Von Hotlines, Onlineauftritten, Verträgen & Co.

Das bisschen Haushalt – Tücken beim Online-Spülmaschinenkauf

Natürlich gibt es noch Anekdoten aus vielen anderen Lebensbereichen.

Meine alte Spülmaschine spülte irgendwann sehr schlecht bis gar nicht mehr, und so musste ich immer mehr von Hand nachspülen. Das machte weder Spaß noch passte es irgend in meinen sowieso mehr als prall gefüllten Tag. Reparieren lohnte nicht mehr und so musste wohl oder übel was Neues her. Mein Modell war etwa zehn Jahre alt und ich hatte keine Ahnung, was sich mittlerweile auf dem Markt getan hatte. Ich suchte ein Elektrofachgeschäft zirka 20 Autominuten entfernt auf.

Die Auswahl war genauso dürftig wie die Beratung. Der Verkäufer meinte, ich könne im Internet schauen, er könne mir dann noch andere bestellen. Will der sich gleich selbst wegrationalisieren? Vielen Dank für's Gespräch! Ich fuhr extra in ein sogenanntes Fachgeschäft, was mich Zeit und Sprit kostete, damit ich freundlich und ausführlich beraten werde und das Ding für mich bestellt wird, und zwar inklusive Lieferung und Anschluß. Wenn ich selber im Internet schauen und mich mit den Details auseinandersetzen muß – bestellen kann ich dann auch gerade noch selbst.

Gesagt, getan. Nachdem ich mich grob schlau gemacht hatte, was die Geräte mittlerweile so können, stieß ich über Recherche zur Marke meiner alten Maschine auf ein renommiertes Versandhaus, von welchem ich dachte, es würde gar nicht mehr existieren. Sie versprachen sogar arbeitnehmerfreundliche Anlieferzeiten bis abends. Na, das klingt doch passabel. Und so habe ich dort bestellt.

Irgendwann bekam ich dann einen Liefertermin – mit einem Zeitfenster mitten am Vormittag, also zu einer Zeit, wo ich arbeitenderweise im Büro bin. Damals war das Thema Homeoffice noch nicht so stark ausgeprägt und in meinem Arbeitsbereich gleich gar nicht. Ein Anruf bei der Spedition ergab, daß die vom Versandhaus angegebenen Zeiten gar nicht stimmten. Also blieb nur Urlaub nehmen beziehungsweise Zeit abbauen. Was sollte ich machen!

Als die Maschine dann geliefert wurde, stellte sich heraus, daß der Anschluss größer war als bei meiner alten Maschine. Die ausgesägte Öffnung an meinem Schrank war zu klein. „Können Sie mir das nicht ein bisschen aussägen, so viel ist es ja doch auch nicht?" „Nein, das dürfen wir leider nicht. Wenn dann was passiert, sind wir dran. Das ist dann nicht versichert." „Toll, und jetzt?" „Kennen Sie niemanden, der das machen kann?" „Fällt mir gerade niemand ein." „Sollen wir sie wieder mitnehmen?" „Um Himmelswillen, nein! Ich hatte jetzt schon so viel Ärger damit, alles nochmal von vorne? Nein. Lassen Sie sie hier. Irgendwas wird mir einfallen." Ist das alles noch zu fassen!

Gottseidank fiel mir ein ortsansässiger Handwerker ein, der auch solche kleineren Geschichten tätigt. Also rief ich ihn an. Er selbst macht derartige Arbeiten nicht, aber er kannte jemanden. Also rief ich da an. Das war dann tatsächlich eine gute Adresse und mein Anliegen wurde recht zeitnah und unbürokratisch erledigt.

Selbstverständlich hatte ich mich bei besagtem Versandhaus beschwert. Es war, wie so oft, ein zeitintensiver längerer Mailverkehr. An den genauen Ausgang kann ich mich nicht mehr erinnern, das ist eine von den älteren Geschichten. Ich glaube, einen kleinen Rabatt hatte ich bekommen, aber der stand in keiner Relation zum entgangenen Urlaub und dem ganzen Aufwand, den ich zusätzlich hatte. Und mit Anlieferzeiten am Abend zu werben, was gar nicht der Realität entspricht, da kann man als Verbraucher doch gar nicht anders, als sich verar… fühlen.

Jetzt geht's auch noch an die Wäsche – Online-Bestellung im Kaufhaus vor Ort

Eines schönen Samstags Ende August 2021. Endlich mache ich nach langer Zeit mal wieder einen traditionellen Samstag mit einer Bekannten in der Stadt mit Marktbesuch, essen gehen und Käffchen trinken. Ein Stück Normalität in der Pandemie. Natürlich auch hier einige Leerstände und wie mittlerweile in vielen Städten zunehmende Filialisierung. Aber zumindest kann man bei genauerem Hinsehen doch ein paar Start-Ups und andere Konzepte mit Potential entdecken. Und gottseidank ist unser gutes altes Traditionslokal mit seinem wunderschönen Garten noch da und das Essen schmeckt wie immer phantastisch. Ich treffe zufällig zwei frühere Bekannte, die ich ewig nicht gesehen habe und wir sind froh, mal wieder quasi Freigang zu haben.

Später suchen wir ein alteingesessenes Kaufhaus auf und landen in der Damenabteilung, wo ich Ausschau nach einem typischen Damenbekleidungsstück halte, da am aktuellen Modell so langsam der Zahn der Zeit nagt. Ich zähle zu den Menschen, die ein Kleidungsstück durchaus tragen können, bis es fast auseinanderfällt, so es mir gut gefällt. Ich habe noch ein paar T-Shirts, die sind aus den 80ern, kaum zu glauben! Sie passen und gefallen noch und die Qualität ist für zu Hause noch völlig in Ordnung. Ich habe ein paar Outdoor – Sandalen, die sind in etwa zwölf Jahre alt. Ich liebe sie, sie sind so bequem! Aber leider ist die Ware heutzutage kaum noch von so guter Qualität, daß sie solch eine Lebensdauer überhaupt erreicht.

Ich habe ein passendes Objekt gefunden. Sitzt einwandfrei, was auch nicht immer so einfach ist. Hier wurde ich dahingehend bei einem früheren Kauf super beraten und deswegen möchte ich gerne wieder hier kaufen. Leider ist es eine andere Farbe. „Haben Sie das noch in Haut auf Lager?" „Leider nein. Wir haben fast nichts mehr auf Lager. Es gibt ziemliche Lieferprobleme." „Oha. Wie aktuell überall. Keine Rohstoffe, keine Container, ganze Schiffsbesatzungen in Quarantäne, Mangel an LKW Fahrern, Personalmangel generell." „Ja, und die Preise ziehen sehr an!" „Oh ja! Wo das noch hinführen wird? Hoffentlich bleibt das eine vorübergehende Episode."

Die Verkäuferin schaut im PC. „Also online wäre er verfügbar. Soll ich ihn bestellen? „Wo würde er dann hingeliefert?" Er kann tatsächlich zu mir nach Hause geliefert werden, und das ohne zusätzliche Portokosten. Schließlich bestelle ich. Man weiß nicht, ob nicht doch ein weiterer Lockdown ansteht, was keiner hofft. Aber es ist doch paradox! Du gehst in die Stadt, um bei den Geschäften vor Ort zu kaufen mit der Konsequenz, daß die Verkäuferin für dich wieder online bestellen muss, weil sie für das Geschäft keine Ware bekommt. Aber online ist alles zu haben. Selbst die Wäsche ist von der Thematik nicht ausgespart und natürlich auch wieder datenmäßig erfaßt.

Das Teil in weiß habe ich trotzdem gekauft und bar bezahlt. Wenigstens *ein* Kauf vor Ort, der mir datenmäßig nicht zugeordnet werden kann. Und was man hat, hat man.

Algorithmen beim Staubsaugerkauf? Ja, bin ich denn blöd!

Meine beste Freundin hatte sich vor einiger Zeit einen Akkustaubsauger gekauft. Sogar ihr Mann hat richtig Spaß an dieser Errungenschaft und saugt seitdem gerne und relativ oft. Als sie mir das Gerät demonstriert, bin auch ich sehr angetan. Saugen ohne Kabel fühlt sich an wie ein großes Stück Freiheit. Kurze Zeit später gibt es bei einem namhaften Discounter ein ähnliches Gerät im Angebot. Dies erscheint mir brauchbar und so gönne ich es mir. Wirkliche Zufriedenheit kommt jedoch nicht auf. Zum Beispiel läßt sich der Deckel für die Reinigung schwer öffnen. Wenn man das Saugrohr platzsparend vom Gerät trennen möchte, ist das schwergängig und kann eine unfreiwillige Verkürzung der Fingernägel nach sich ziehen, was einem als Frau ja durchaus den ganzen Tag verderben kann. Die Akkulaufzeit ist nicht so wahnsinnig lang und wenn man das Gerät nicht dauerhaft lädt, ist es genau dann leer, wenn man es gerade mal kurz braucht. Die Lautstärke läßt mehr Saugleistung vermuten, als es den Tatsachen entspricht. Der Zyklon ist so verbaut, daß man damit nicht weit genug unter die Möbel kommt, um dort den Staub zu erwischen. Da zeigt sich halt doch die mindere Qualität. Nach dem Motto „Was mich nicht glücklich macht, kann weg" bringe ich das Teil ins Sozialkaufhaus. Vielleicht hat ja jemand Anderes mehr Freude damit.

Ich habe mir ein Markengerät ausgesucht. Als ich mich eines Donnerstags in der Nähe einer Filiale eines namhaften Elektronikanbieters befinde, suche ich diese spontan auf. Mir springt sofort ein anderes Markenmodell ins Auge. Flache Düse, flaches Saugrohr. Der Zyklon ist oberhalb des Saugrohres verbaut, so kann man das Gerät komplett flach auf den Boden legen und unter den Möbeln alles mühelos erreichen. „Kann ich Ihnen helfen", kommt ein junger, freundlicher Verkäufer auf mich zu. Er hat wirklich Ahnung, erklärt mir das Gerät ausführlich und zeigt mir alle Features. Die Handhabung ist praktisch, unkompliziert und ich bin begeistert. Wenn ich nur im Internet geschaut hätte, wäre ich nie auf dieses Gerät und seine Vorteile aufmerksam geworden und hätte keine so gute Beratung genossen. Und vor Ort kann ich auch gleich ausprobieren und mit anderen Geräten vergleichen. Welches Gewicht hat er, wie liegt er in der Hand, wie laut ist er, kriege ich die Deckel auf und so weiter. 279 Euro soll er kosten. Ich bin jedoch unsicher, ob ich damit tatsächlich unter dem Bett saugen kann, weil es da recht eng ist. Ich möchte erst noch mal Maß nehmen. Dieses Gerät ist nun mein Favorit, wenn es paßt, komme ich auf jeden Fall wieder.

Nach dem Wochenende kann ich es kaum erwarten, das Objekt der Begierde zu erwerben. Montag paßt es zeitlich nicht und so fahre ich am Dienstag in heller Vorfreude in das Geschäft. Das Vorführmodell steht noch da und auch das Preisschild mit den 279 Euro. Ich spreche einen vermeintlichen Verkäufer an. Er schaut mit mir nach einem verpackten Modell. „Scheint, daß wir ihn nicht mehr da haben. Aber ich bin nicht hier vom Haus. Ich bin vom Messestand. Und im Moment liegen alle Computersysteme lahm. Schauen Sie doch online." „Ich war am Donnerstag hier und ich möchte gerne hier kaufen. Ich bin gut beraten worden und froh, daß es noch Fachgeschäfte gibt und das möchte ich so lange als möglich unterstützen." „Ja, diese sogenannte Hyperglobalisierung, die werden Sie und ich nicht mehr aufhalten." „Mag sein, aber ich schätze nun mal den Kauf vor Ort. Können Sie feststellen, ob noch etwas an Lager ist?" „Sie sehen ja, alle Bildschirme sind dunkel und es sind kaum Kunden hier. Und ich bin wie gesagt nicht hier vom Haus." „Okay, Danke. Dann suche ich mir eben jemanden vom Haus." Warum er mich nicht direkt an einen zuständigen Verkäufer verwiesen hat, entzieht sich meinem Verständnis.

Ich sehe einen Verkäufer und eine Dame mit einem Wagen mit Ware heraneilen und spreche die beiden an. „Sie haben doch eben mit dem Herren gesprochen", sagt die Dame. „Der Herr war aber nicht vom Haus und konnte nicht helfen." Der Verkäufer nimmt sich meiner an. Er schaut auch nochmal, aber wird ebenfalls nicht fündig. „Haben Sie ihn vielleicht noch auf Lager?" „Wir haben hier leider kein Lager. Ich schaue mal im Computer." Ach, bei ihm geht es! Man braucht halt die richtigen Leute. Hier werden nun plötzlich 299 Euro angezeigt. „Demnächst sollen sieben Stück geliefert werden. Aber wann das sein wird, kann ich Ihnen nicht sagen." „Okay. Aber warum stehen da auf einmal 299 Euro? Hier auf dem Preisschild stehen 279." Ich zeige ihm das Foto, daß ich davon gemacht habe. „Wann haben Sie das Foto denn gemacht?" „Eben gerade! Ich möchte das Gerät, aber natürlich für 279 Euro." „Ich muß fragen, haben Sie einen Moment?" „Selbstverständlich." Wieder zurück meint er: „Sie können ihn für 279 bekommen, wenn er wieder da ist." „Prima. Wie machen wir das? Können Sie ihn reservieren?" „Das geht leider nicht, weil unser System im Augenblick ja nicht funktioniert." „Soll ich vielleicht vorher anrufen?" „Ersparen Sie sich das lieber." Er äußert sich nicht gerade positiv über die Hotline des Unternehmens. Wahrscheinlich wieder der typische Hotline-Wahnsinn. Noch dazu würden sie den Kunden am Telefon erzählen, daß das Gerät in der jeweiligen Filiale vorrätig sei, der Kunde käme dann voller Freude ins Geschäft und der tatsächliche Bestand sei Null. Scheint also hervorragend zu funktionieren. „Am Besten notieren Sie sich meinen Namen." Ich darf mit meinem Handy sein Namensschild abfotografieren, wodurch wir über unsere Handys ins Gespräch kommen und ich hierzu einen guten Tip von ihm erhalte. Auch dieser junge Mann macht auf mich einen kompetenten Eindruck und wieder kann ich nur sagen, es geht nichts über eine persönliche Beratung.

Am Mittwoch, also einen Tag später, habe ich ein paar Erledigungen in der Stadt. Ich komme zufällig an einem Partnerunternehmen vorbei und schaue spontan, ob ich das Gerät hier eventuell bekommen kann. Da steht das Herzchen tatsächlich, aber auf dem Preisschild stehen 335 Euro. Das sind fast 60 Euro mehr! Wollen die mich veräppeln? Der erste Verkäufer ist nicht zuständig, aber beim zweiten Anlauf finde ich den Abteilungsverantwortlichen. Ich schildere die Problematik. Er telefoniert mit seinem Chef, der ihn offenbar auf die Homepage des Partnerunternehmens verweist. Hier steht er heute mit 315 Euro! Einen Tag vorher 299, am Donnerstag zuvor 279? Bin ich an der Aktienbörse? Auf einem orientalischen Basar? Daß sich die Spritpreise zirka drei Mal täglich ändern, damit habe ich mich lange abgefunden. Aber bei Staubsaugern? Und dann auch noch mit solch großen Unterschieden? „Früher haben Angebote vielleicht wöchentlich, teilweise alle zwei Wochen gewechselt", merke ich an. „Und heute täglich? Aus welchem Grund? So schnell kann man ja gar nicht reagieren!" „Ich kann es Ihnen auch nicht sagen. Wir sind immer häufiger mit solchen Dingen konfrontiert, das sind Algorithmen." „Algorithmen! Entschuldigen Sie, aber ich bin zu alt für so 'nen Sch…!" Das äußere ich nicht bösartig, sondern mal wieder eher zynisch. Wir lachen und der Herr pflichtet mir bei. Wir stammen eben beide noch aus der analogen Generation. „Es ist gut, daß Sie im Geschäft kaufen wollen, sonst sind wir irgendwann alle weg." Meine Rede! „Aber 279 Euro kann ich Ihnen leider nicht anbieten. Ich muß das bei meinem Chef rechtfertigen und das kann ich bei den heute aktuellen Preisen nicht. Am Besten lassen Sie ihn dort für 279 Euro reservieren." „Gut, aber das geht ja aktuell nicht. Bleibt mir wohl nicht Anderes übrig, als in einer Woche nochmal hinzufahren und zu schauen, ob das Gerät dann wieder verfügbar ist." Und es bleibt zu hoffen, daß ich mich auf die mündlich gemachte Zusage des jungen Mannes verlassen kann.

Ich verstehe die Welt wirklich nicht mehr! Ich möchte etwas kaufen, was nun auch nicht so preisgünstig ist. Früher ging man in ein Geschäft, vielleicht noch in ein oder zwei weitere zum Vergleich und dann hat man gekauft. Heute mutiert fast jeder etwas größere Kauf zu einem Problem. Warum macht man es dem Kunden denn so schwer? Es vergeht mir bald der Spaß und die Lust, noch irgend etwas außer Lebensmitteln käuflich zu erwerben. Wenn ich beim nächsten Versuch den Kauf wieder nicht erfolgreich tätigen kann, dann lasse ich es gerade komplett sein. Ich habe noch meinen Kabelstaubsauger, das ist zwar umständlicher, aber er tut es immer noch. Ist das gewollt? Es kann doch nicht im Sinne der Unternehmen sein, daß der Kunde zwecks Problem- und Frustvermeidung lieber gar nicht mehr konsumiert.

Heute ist Donnerstag. Ich habe gerade interessehalber nochmal geschaut. Der heutige Preis beträgt 359,99 Euro. Mittlerweile also 80 Euro über den ursprünglichen 279 Euro. Das soll mir einer mal logisch erklären! Ich bin gespannt, welcher Preis mir morgen angeboten wird.

Wer im Glashaus sitzt – zusätzliche Bürokratie in Corona-Zeiten

Corona steigert die Bürokratie natürlich noch weiter ins schier Unermessliche. Und dauernd ändert sich was. Was heute noch gilt, ist morgen schon wieder Schnee von gestern. Wenn man etwas unternehmen will, muß man sich erst schlau machen, welche Regularien wo gelten. Wer hier immer up-to-date bleiben möchte, ist schwer beschäftigt. Zusätzlich zum eigenen Pflichtprogramm und der privaten Bürokratie. Und wenn Sie das Buch schlußendlich in den Händen halten, sieht die Welt sicher wieder komplett anders aus.

Fährt man zum Beispiel auf eine Nordseeinsel, so ist dies nur mit negativem Test, Impfausweis oder genesen möglich und in jedem Lokal muß man seine Daten hinterlassen oder sich mit einer App registrieren.

Fährt man mit der Kleinbahn der Insel zur Fähre, heißt es mal wieder "Genießen Sie das Leben in vollen Zügen". Die Schlange zur Fähre gleicht einem Rosenmontagszug. Und was bitte bedeutet Abstand?

Kommt man dann wieder zu Hause an und geht mangels heimischer Lebensmittelvorräte zum ortsansässigen Italiener essen, so ist man verwundert. Im Außenbereich ist keine Maske nötig und auch die Kontaktdaten müssen nicht hinterlassen werden. Aber im Innenbereich wäre die Maske nötig und auch das Hinterlassen von Kontaktdaten. Fährt man nur über die Brücke in ein anderes Bundesland, so kann man dort der Gastronomie komplett fröhnen, ohne Maske, ohne Kontaktdaten. Genauso verhielt es sich kürzlich schon mit dem Friseurbesuch. Hier nur mit negativem Test und Kontaktdaten, über die Brücke war dies nicht nötig.

Überhaupt muß man sich aktuell zunehmend online registrieren, wenn man etwas unternehmen möchte. Zum Beispiel beim Schwimmbadbesuch. Der ist hier zirka acht Monate quasi ins Wasser gefallen. Ich bin dankbar, daß es überhaupt wieder möglich ist. Mir hat das doch sehr gefehlt. Ich bin damit sicher nicht die Einzige. Dadurch daß diverse Sportinstitutionen schließen mußten, kann man vielen den Bewegungsmangel deutlich ansehen. Sehr viele haben sichtbar zugenommen …Es gibt Menschen, die trauen sich gar nicht mehr raus, aus Angst zu erkranken. Sie bewegen sich dementsprechend gar nicht und bauen ab. Sie erkranken so zwar nicht an, aber durch Corona. Ich mag mir die Langzeitfolgen für unser Gesundheitssystem lieber nicht ausmalen.

Wenigstens wandern, spazieren, radfahren war im Lockdown möglich. Das haben gottseidank auch viele für sich entdeckt, aber nicht jeder kann sich so betätigen. Ich gehe diesen Dingen schon lange nach. Da gab es noch nicht mal den Gedanken, daß wir von einer Pandemie heimgesucht werden könnten. Gymnastik kann auch mit TV und Internet Spaß machen, aber das ist nicht dasselbe und nicht jedermanns Sache. Das Miteinander der Gruppe fehlt und viel falsch machen kann man bei fehlender Erfahrung auch. Es ist keiner da, der einen korrigiert. Für's Schwimmen gibt es keine derartige Alternative. Das ist online nicht möglich. Die heimische Badewanne bietet nicht genug Kapazität und nicht jeder hat einen eigenen Pool oder einen frei zugänglichen Badesee in der Nähe.

Bei einem nun wieder möglichen Schwimmbadbesuch komme ich mit einer Dame ins Gespräch. „Ich bin das erste Mal hier. Und ich hatte erstmal ganz schön Ärger. „Weil?" „Mit dieser Online-Buchung. Ich habe das auf dem Smartphone gemacht, weil ich das Ticket ja dann da drauf brauche. Ich hatte dann aber zwei Tickets und ich wollte nur eines. Und auf dem Smartphone war kein Kreuzchen, wo ich das wieder löschen konnte. Also hatte ich zwei Tickets gebucht. Und die wurden auch berechnet. Ich dachte, ich bin zu blöd!" „Nein, ganz und gar nicht! Das wird immer mehr mit der Bürokratie und der Digitalisierung. Und durch Corona ja erst recht. Das braucht so viel Zeit! Aber ich bin ja immer froh zu hören, daß es mir nicht alleine so geht. Man zweifelt ja an sich selbst!" „Ich denke, das Kreuzchen zum Löschen war weiter rechts, aber auf dem Handy wurde es nicht angezeigt. Hätte ich das auf dem Laptop machen können, hätte ich es bestimmt gesehen. Aber man braucht ja das Ticket auf dem Handy." „Aber bekommt man den Code nicht per Email geschickt, und den kann man dann über's Handy öffnen?" „Doch, aber das mit der Email stand da erst ziemlich am Schluß. Also das war echt doof! Ich hab dann da angerufen, weil so schnell noch eine Person für das zweite Ticket, das hätte nicht geklappt. Sie sagten dann, sie könnten es ja nicht nachprüfen, ob ich dann nicht doch mit zwei Leuten ins Bad ginge." Wie bitte? Das können sie doch beim Eintritt kontrollieren. Warum können die denn nicht einfach die Buchung stornieren und die Dame kann ein Ticket neu buchen? Verstehe ich nicht. Immerhin haben sie ihr aus Kulanz einen Gutschein für einen weiteren Eintritt versprochen.

Corona macht uns noch gläserner, als wir es eh schon sind. Einbuchen, Kontaktdaten hinterlassen, wer ist mit wem wie lange wo. Bargeldlos zahlen. Mag sein, daß es zumindest zeitweise seine Berechtigung hat, da gehen die Meinungen auseinander. Aber es vergeht einem bald die Lust, überhaupt noch irgend etwas zu unternehmen, wenn sich die Buchungsprozesse auch hier als nicht nutzerfreundlich gestalten. Dabei sollte es doch im Interesse sein, daß der Betrieb der jeweiligen Institutionen so gut es geht am Leben erhalten werden kann, damit diese in diesen schwierigen Zeiten überleben können! Es bleibt zu hoffen, daß die Pandemie bald vorübergeht und nicht quasi zur „Dauerwelle" wird.

Willkommen im Tarifdschungel

Alle Jahre wieder – kommt die Vertragsänderung. So sicher wie Weihnachten und deswegen auch meist genauso plötzlich.

Eigentlich war mein Vertrag mal so: im ersten Jahr 9,99 Euro monatlich, im zweiten 29,99. Früher konnte man durch eine Kündigung und einem Neuabschluß wieder Geld sparen.

Später funktionierte das Ganze wie folgt: im ersten Jahr 9,99, im zweiten 29,99. Bei einer Zahlung einer Gebühr in Höhe von 69,99 kostete es für das zweite Jahr dann wieder 9,99. Umgerechnet immer noch günstiger als fortlaufend 29,99. Aber man muss rechnen und vergleichen, die Fristen im Auge behalten und wieder beim Anbieter anrufen, um den Vertrag auf diese Weise fortzusetzen.

Nun plötzlich gelten diese 20 Euro Rabatt – also von den 29,99 auf 9,99 – nur noch zehn Monate statt vorher zwölf. Neukunden bekommen sechs Monate gratis, dann wieder 29,99.

Für den Bestandskunden selbst gibt es neue Angebote erst, wenn die Restlaufzeit noch ein Jahr oder weniger beträgt. Wenn man vorher anruft, sind für den Ansprechpartner am anderen Ende noch keine Angebote sichtbar. Also hatte ich zwecks aktueller Vertragsverhandlung einen telefonischen Termin für diesen Zeitpunkt am späten Nachmittag vereinbart. Da ich zu Hause weilte, hatte ich versucht, das Gespräch vorzuziehen. Ich schilderte dem Herrn, daß ich gerne einen Vertrag mit durchgängig gleichem Betrag hätte. Er gestand ein, daß die Tarife nicht gerade kundenfreundlich seien. Immerhin. Ändert aber leider nichts. Er nannte mir eine Option: zwölf Freimonate, dann 29,99 Euro, mußte mich aber nochmal weiterverbinden.

Ich schilderte dem nächsten Herrn ebenfalls meinen Wunsch nach einem gleichbleibenden Betrag. „Ich kann Ihnen durchgängig 29,99 anbieten." „Ich hätte aber gerne durchgängig 9,99." „Das kann ich leider nicht machen, das läßt unser System nicht zu." „Das mit der Bürokratie nimmt immer mehr überhand. Ich persönlich finde es ziemlich lästig, jedesmal wieder anrufen zu müssen." „Ja, von der Wiege bis zur Bahre, Formulare, Formulare!" Witzbold! Den Spruch kannte ich noch nicht. Leider ist er immer zutreffender. Aber ich glaube einfach nicht, daß der liebe Gott uns das als Bestimmung aufgegeben haben soll.

Angeboten bekam ich nun sechs Freimonate, dann 29,99, aber zuzüglich 89,90 Gebühren.

Okay …Ich erbat mir Bedenkzeit, um die Optionen auf die zweijährige Vertragslaufzeit umzurechnen und nahm doch den ursprünglich vereinbarten Termin wahr.

Dieser Mitarbeiter nannte mir zwölf Monate 14,99 Euro, danach 29,99, ohne zusätzliche Gebühren.

Drei verschiedene Mitarbeiter, drei verschiedene Aussagen – von einem Unternehmen. Geht's noch unübersichtlicher? Mir wird schon fast schwindelig, wenn ich das jemandem erzähle oder hier darüber schreibe. Welcher logisch-strukturiert denkende Mensch kann das nachvollziehen und die Fristen korrekt überwachen? Wer setzt sich jedesmal hin und rechnet die entsprechenden Optionen durch? Wie soll man da noch den Überblick behalten?

Offensichtlich ist es auch gar nicht mehr gewünscht, daß der Kunde versteht, welchen Vertrag er da abschließt. Welche Alternativen hat er? Man ist ja mittlerweile abhängig von dem ganzen Zeug. Und die Konkurrenten sind da nicht unbedingt besser. Getreu dem Motto: "Wenn du es nicht schaffst, sie zu überzeugen, dann verwirre sie."

Meine Auffassungsgabe war immer recht gut, und vor der Oberstufe hatte ich sogar mal mit dem

Gedanken gespielt, Mathematik als Leistungsfach zu nehmen. Aber ich versteh's nicht! Ich frage mich, wer sich diese Tarifkonstrukte ausdenkt. Und ob die Mitarbeiter selbst diesen Dschungel durchblicken. Vor dem Hintergrund sind Beratungsfehler und unzufriedene Kunden doch geradezu vorprogrammiert. Früher hieß es mal, der Kunde ist König. Aber wen interessiert heute noch der Kunde?

Warum nicht einfach jeden Monat einen gleichbleibenden Betrag? Oder einen Komplettpreis für die Gesamtlaufzeit, inklusive aller Gebühren? Wenn nötig, alle paar Jahre vielleicht mal eine Erhöhung. Ein verständliches Produkt zu einem finalen Endpreis, ohne verdeckte Zusatzkosten. Für den Verbraucher transparent und die beste Basis für Vergleiche, die auch zu höherer Kundenzufriedenheit führen würde. Es könnte so einfach sein!

Genauso unübersichtlich sind Bonuskarten oder Bonusprogramme. Zum Beispiel bei der Krankenkasse. Maßnahmen, die im vorigen Jahr bezuschußt wurden, werden es im nächsten Jahr nicht mehr. Hat man das Prozedere in einem Jahr verstanden, ist die Systematik im nächsten wieder anders.

Für Bonuskarten beim Einkauf bekommt man Gutscheine. Man muß prüfen und vergleichen. Das kostet Zeit, und so manches Schnäppchen kauft man nicht, weil man es braucht, sondern nur, weil man Gutscheine hat und es günstig erscheint.

Dann gibt es noch die ständigen Änderungen von AGBs und Datenschutz. Beim Besuch von Internetseiten muß man die Cookie-Einstellungen festlegen und zustimmen. Verstehen müßte man die Inhalte eigentlich auch, sonst könnte es möglicherweise Konsequenzen haben. Aber ich kenne niemanden, der diese ellenlangen, unverständlichen Pamphlete liest. Wann denn auch?

Dieser Tage bekam ich ein Schreiben von der Bank, ich müsse neuen AGBs zustimmen. Wenn man nicht zustimmt, kann das Geschäftsverhältnis nicht fortgeführt werden. Wenn es doch sowieso nach dem Motto „Friß oder stirb" abläuft und man keine Wahl hat, frage ich mich, wozu meine Zustimmung überhaupt eingeholt wird. Das ist in meinen Augen eine Farce.

Augenscheinlich sollen sich die Kunden ständig nur mit den Produkten beschäftigen. Wie mit einem Tamagotchi, das ständig gefüttert werden will. Und wir Kunden sind ja immer auf der Suche nach dem ultimativen Schnäppchen. Aber es gibt doch auch noch ein Leben abseits von dieser Thematik.

Es lebe der Datenschutz

Ich benötige zwei Facharztbefunde aus dem Vorjahr für meinen aktuellen Arzt.

Ich rufe den ersten an. Dauerbesetzt, gar keiner dran – wie immer geht also einige Zeit ins Land. Ich schildere das Problem. „Können Sie ihn mir schicken?" „Nein, das geht nicht wegen dem Datenschutz. Ich kann ihn faxen." „Ich habe aber kein Faxgerät…" „Sie können ihn abholen." „Okay, zu welchen Zeiten?" „Momentan von neun bis zwölf Uhr". Sehr arbeitnehmerfreundlich.

Das Gleiche beim zweiten Arzt. Ich erwäge den Bericht abzuholen, aber Parkplätze sind rar gesät. Ins Parkhaus zu fahren, um vielleicht fünf Minuten etwas abzuholen, halte ich für zu aufwendig. Das erweist sich als Fehler. Nach etwa 45 Minuten vergeblicher Suche und mehreren Wutausbrüchen gebe ich auf. Den Bericht habe ich nicht.

Etwa eine Woche später nehme ich einen weiteren Anlauf, rufe aber zuerst an, nicht daß ich hinfahre, wieder stundenlang einen Parkplatz suche und am Ende sind sie in der Mittagspause. Relativ schnell habe ich eine Mitarbeiterin dran, schon mal gut. „Ja, wir haben offen, bis 15 Uhr sind wir da." „Prima. Schicken dürfen Sie ihn mir nicht?" „Ich kann ihn faxen." „Ich habe kein Fax." „Ich könnte es direkt an den Arzt faxen?" Das ist doch mal 'ne kompetente Ansage! Einwandfrei! Das kann der erste dann doch auch?

Erfreut über mein Erfolgserlebnis rufe ich selbigen direkt an. Nach mehreren Anläufen mit Besetztzeichen schildere ich das Thema. „Nein, das kann ich so nicht machen wegen dem Datenschutz. Ich weiß ja nicht, ob wirklich *Sie* das sind. Da müßten Sie mir eine Mail schreiben, daß Sie einverstanden sind, daß ich das faxe, dann kann ich das machen und mit zu den Akten legen." Von mir aus! Wobei der Sinn sich für mich persönlich nicht erschließt. Selbst wenn ich nicht diejenige wäre, die da anruft – auf dem Bericht steht doch *mein* Name. Und er geht an einen anderen Arzt. Kann man diesen dann mißbräuchlich verwenden? Und bei der ersten Praxis ging es doch auch. Schreib' ich halt noch eine Email, ich habe ja sonst nichts zu tun.

Wenn man persönlich in einer Arztpraxis an der Anmeldung steht, ist es hingegen mit dem Datenschutz nicht weit her. Hier ist man volle Breitseite den Details zu den Krankheiten des Vordermannes ausgesetzt. Die Diarrhoe der Frau Meier, die Hämorrhoiden des Herrn Müller, der Husten des Herrn Schneider, vielleicht auch noch die Farbe des dabei generierten Auswurfs. Das will man gar nicht wissen!

Genauso war es neulich auf der Bank. Mit einer Frage wollte ich zu einem Sachbearbeiter. Diese standen in einem Gang an einzelnen Stehtischen. Wegen der Pandemie mußte ich ein Stück entfernt warten. Eine ältere Dame war offenbar dabei, Vorsorgethemen zu klären – und ich bekam Details mit, ob ich wollte oder nicht: „30 Jahre haben sich die Erben nicht gemeldet, naja, sollen sie glücklich damit werden." Als ich bei meinem Sachbearbeiter vorsprechen konnte, bemängelte ich diese Situation und verwies auf die angrenzenden Büros, wo derartige Gespräche in diskreterem Rahmen geführt werden könnten. „Sie können *online* einen Termin vereinbaren, dann kann ein Gespräch in solch einem Büro stattfinden." Warum soll ich online einen Termin vereinbaren? Ich bin doch gerade vor Ort! Langsam kann ich es nicht mehr hören!

Kürzlich erhielt ich eine Mail passend zu diesem Thema von einer anderen Institution mit folgender Anrede:

"Guten Tag, mit der neuen EU-Datenschutzgrundverordnung darf ich Sie leider im E-Mail-Kontakt nicht mehr beim Namen benennen und auch keinerlei personenbezogene Informationen geben. Ich bitte Sie, dies zu entschuldigen bzw.

nicht als Unhöflichkeit aufzufassen." Ich mußte laut lachen. Ich antwortete wie folgt:

" Sehr geehrter Herr …, Datenschutz hin oder her, ich hoffe, es ist recht, daß ich Sie mit Namen anschreibe. Ich erteile Ihnen umgekehrt gerne die Erlaubnis dazu. Wenn es Ihnen absolut untersagt ist, dann werde ich das selbstverständlich unterlassen. Aber wir sind doch nach wie vor Menschen, das wird ja alles immer unpersönlicher und anonymer."

Natürlich nenne ich seinen Namen hier nicht – aus Datenschutzgründen.

Datenschutz ist wichtig, keine Frage. Aber es wird immer verrückter. Wir sind so gläsern wie nie, aber dürfen in den Emails nicht mehr namentlich angesprochen werden? Man fühlt sich direkt noch mehr als Nobody. Vielleicht wird man demnächst mit "Sehr geehrter Herr Anno Nym" angeschrieben. Natürlich braucht es hierfür noch eine geschlechter- und gendergerechte Variante. Spaß beiseite. Wenigstens so ein Minimum an Höflichkeit und Respekt sollte doch noch übrig bleiben.

Das Telefonat, das ich mit dem Sachbearbeiter in meinem Anliegen hatte, war sehr konstruktiv. Eine sehr kompetente und freundliche Beratung. Wenn man eine persönliche Ansprache bekommt, läuft es ja auch meist. Aber bis dahin ist es oft ein sehr langer und beschwerlicher Weg.

Kennen Sie schon unser praktisches Kunden-Portal?

Ich habe ein Anliegen bei meiner Krankenkasse. Ich rufe bei der ortsansässigen Niederlassung an, werde aber direkt an eine Hotline weitergeleitet: „Willkommen bei Ihrer BLA-BLA-BLA. Wir verbinden Sie gleich weiter, damit wir Sie persönlich beraten können. Bitte halten Sie dafür Ihre Versichertenkarte bereit. Wir sind gleich für Sie da." Gleich ist mal wieder relativ und so gibt es wieder Musik auf die Ohren. Nach zirka eineinhalb Minuten: „Die nächste freie Leitung ist bereits für Sie reserviert. Bitte legen Sie nicht auf." Musik. Nach zirka zweieinhalb Minuten: „Kennen Sie schon das praktische Kundenportal MEIN BLA-BLA-BLA? MEIN BLA-BLA-BLA ist Ihr persönlicher Bereich, in dem Sie zahlreiche Services nutzen können." Nun werden diverse Services aufgezählt. Aber ich möchte doch einfach nur jemanden sprechen! „Registrieren Sie sich ganz einfach unter MEIN BLA-BLA-BLA, Schrägstrich … In MEIN BLA-BLA-BLA erreichen Sie uns 365 Tage im Jahr rund um die Uhr. Probieren Sie es aus." In Schaltjahren scheint man MEIN BLA-BLA-BLA am 29. Februar offenbar nicht zu erreichen, aber das scheint das geringste Problem zu sein.

Nachdem ich den Spruch mehrfach auf die Ohren bekommen habe, beschließe ich, es tatsächlich damit zu versuchen. Ich bin mir nicht mehr sicher, ob ich bei besagtem Onlineportal registriert bin. Mehrere Versuche scheitern, also rufe ich wieder an. „Herzlich willkommen bei Ihrer BLA-BLA-BLA..."

Ich weiß nicht, ob ich jetzt schon alt bin, aber ich sage bei diesem Thema wirklich schon: "Früher war alles besser". Der menschliche Kontakt ist durch nichts zu ersetzen. Es gab tatsächlich mal Zeiten, da hatte man immerhin relativ zügig jemanden am Telefon. Also ich finde jede Warteschleife, die länger als fünf Minuten dauert, ist Körperverletzung. Folter. Qual. Möglicherweise hat das Methode. Man hängt so lange in der Warteschleife, bis man aufgibt und seine Anfragen dann entweder doch über das Internet tätigt oder es komplett sein lässt. Aber dazu muss es zum einen halt auch funktionieren. Zum anderen gibt es tatsächlich noch Menschen, die haben weder Smartphone noch Internet. Vielleicht wenige, aber es gibt sie. Ich kenne sie sogar persönlich. Sie sind völlig abgehängt, sie sind somit gar nicht existent – zumindest virtuell. Irgendwie setzen die Unternehmen und Institutionen voraus, daß *jeder* über die entsprechenden Kenntnisse verfügt und das *komplette* technische Equipment zu Hause hat. Haben aber viele nicht. Ich zum Beispiel habe auch keinen Drucker. Die Jugend wächst mit diesen Themen auf und kennt es nicht anders. Aber Menschen mittleren Alters haben Computerkenntnisse nicht von der Pike auf gelernt und entsprechende Defizite. Und manche Senioren haben dahingehend gar keine Kenntnisse. Dies sollte entsprechende Berücksichtigung finden.

Die Tage hing ich in einer anderen Warteschleife. Man könnte meinen, es wäre mein neues Hobby, aber es gibt wahrhaftig Schöneres. Diese Schleife dauerte nur etwas über zwei Minuten. Dann bekam man gesagt, daß aktuell alle Mitarbeiter im Gespräch seien und man es bitte nochmal versuchen möge. Dann war der Anruf beendet. Und beim nächsten Anrufversuch hatte ich zeitnah jemanden am Telefon. So geht es doch auch! Warum muß man denn in den meisten Warteschleifen ewigst warten? Die Unternehmen lassen einen quasi am Hörer verhungern. Ich finde, das gehört verboten. Ich fühle mich gewaltsam in diese Systeme hineinmanövriert. Und diese Vorgehensweise löst ja auch nicht die Probleme. Sie kostet den Kunden Zeit und entzieht ihm massig Energie, ohne daß er in seinen Belangen irgend vorwärts kommt.

Bei einer weiteren Institution hatte ich nach der entsprechenden Zahlenauswahl sogar direkt jemanden in der Leitung. Ich spreche mittlerweile dafür sogar ein großes Lob aus und glaube, ich zaubere demjenigen am anderen Ende damit ein Lächeln ins Gesicht. Das sehe ich nicht, aber ich kann es fühlen. Dabei sollte es so doch eigentlich die Regel sein und nicht die Ausnahme.

Nachdem ich mir bei besagter Krankenkasse die ganze Leier über zehn Minuten angehört habe, habe ich eine freundliche Dame am Telefon. Freilich habe ich mich über die Wartezeit beschwert, freundlich, aber bestimmt. Sie kann ja nichts dafür, sie macht ja auch „nur" Ihren Job. Die Dame ist so freundlich, mich für das Internet – Portal zu registrieren. Die Daten für den persönlichen Login bekomme ich per Post.

Ein paar Tage später erhalte ich Einmalpasswort und Benutzername und will die Daten individuell anpassen. Der Benutzername ist kein Problem, direkt bekomme ich meinen grünen Haken. Am Passwort scheitere ich. Mindestens acht Zeichen, Groß- und Kleinbuchstaben, Zahlen, Sonderzeichen. Habe ich alles. Geht aber nicht. Ich versuche es mehrmals, keine Chance. OK. Manchmal hilft es, einen Tag zu warten. Der Trick hilft nicht, drei oder vier Tage versuche ich es, erfolglos. Was bleibt also – wieder die Hotline. Ich komme mir vor wie im Film "Täglich grüßt das Murmeltier" – immer wieder die gleiche Situation und es geht nicht vorwärts. „Kennen Sie schon unser Kundenportal MEIN BLA-BLA-BLA?" NEIN, KENN' ICH NICHT! ES FUNKTIONIERT DOCH NICHT! Da muss man kerngesund sein und gute Nerven haben. Eine Herausforderung. Ich schreibe eine Beschwerdemail und erhalte tatsächlich einen Rückruf. Ausgerechnet da bin *ich* mal nicht erreichbar. Bei mir hängt der Anrufer aber gottseidank nicht in solch einer Endlosschleife. Vielleicht sollte ich mir auch mal eine ausdenken, aber nur für den Fall, daß solche Unternehmen bei mir anrufen. Rein aus Prinzip.

Also muss ich wieder anrufen. Wieder nach einiger Zeit habe ich gottseidank die gleiche Sachbearbeiterin wie letztes Mal am Telefon. Ich schildere ihr mein Problem. Sie hat auch keine Idee und möchte deren EDV-Abteilung kontaktieren. Tatsächlich erhalte ich einen Rückruf. Sie haben auch keine Erklärung, woran es liegen könne. Ich gebe ihr das Einmalpasswort durch und sie vergibt eines – und es klappt. Dann vergebe ich wieder eines und es geht nicht. „Sie können nicht alle Sonderzeichen nehmen." „Ach! Geht @ nicht?"

„Nein". Ich versuche es mit Dollar, wieder nichts. „Dollar geht auch nicht". „Wie sieht es mit der Raute aus?" „Raute geht. Es steht doch da, welche Sonderzeichen Sie nehmen können." „Bei mir steht da nichts. Da heißt es nur, mindestens acht Zeichen, Groß- und Kleinbuchstaben, Zahlen, Sonderzeichen. Sonst nichts. Das habe ich alles erfüllt."

Vielleicht ist das so eine Art modernes "Ich sehe was, was Du nicht siehst." Immerhin ist das Problem gelöst, aber wenn der Kunde auf seiner Benutzeroberfläche Daten nicht angezeigt bekommt, die für das Unternehmen sichtbar sind, kann das ja nichts werden. Den Frust hat wieder der Kunde. Aber wirklich sinnstiftend ist die Arbeit für den Menschen am anderen Ende der Leitung sicherlich auch nicht.

Wurden derartige Institutionen nicht eigentlich dazu geschaffen, uns zu unterstützen? Was machen Menschen, die zu Hause jemanden pflegen müssen, was per se schon eine riesige Herausforderung ist?! Stundenlang in der Warteschleife hängen oder am Internetzugang verzweifeln, sowieso selbst schon komplett am oder über dem Limit? Was, wenn man einen Notfall hat und dringend Hilfe benötigt? Alles, was man dann braucht, ist einen Ansprechpartner, der zeitnah verfügbar ist und schnell, unbüro-

kratisch und lösungsorientiert handelt! Interessan-
terweise sind diese Institutionen sofort zur Stelle,
wenn sie etwas von dir benötigen.

Der Mensch am anderen Ende der Leitung – moderne Arbeitswelten

Der Mensch, der da am anderen Ende die Anforderungen des Kunden erfüllen soll, ist nicht zwangsläufig unfähig. Kann freilich sein, muß aber nicht. Es hilft, sich Beispiele aus aktueller Berufspraxis vor Augen zu führen, um zu verstehen, welchen Bedingungen Mitarbeiter heutzutage ausgesetzt sind. Da sind unter anderem Faktoren wie Prozesse, Systeme, Räumlichkeiten, Vorgesetzte und das Miteinander. Die hiesigen Beispiele stammen aus Industriebetrieben, aber die Vermutung liegt nahe, daß die Auswüchse in diversen anderen Sparten ähnlich geartet sind.

Das Großraumbüro ist als Räumlichkeit gar nicht so selten, auch wenn manche Firmen gottseidank durchaus die Nachteile erkannt und diesbezüglich wieder den Rückwärtsgang eingelegt haben. Als Argument für eine Neueinführung wird es den Mitarbeitern gerne als kommunikationsfördernd verkauft. „Ich kommuniziere jetzt wesentlich weniger als vorher, weil ich niemanden von den anderen Kollegen stören will", erzählt mir eine Bekannte nach ihrem Umzug vom Zweier- in ein Großraumbüro. Und wenn man wirklich mal etwas Privateres bespricht, hat man zig andere Ohren dabei und bekommt noch dazu unqualifizierte Kommentare von Kollegen, die man eh nicht unbedingt braucht. Dann noch unterschiedliche persönliche klimatische und andere Faktoren. Der eine macht das Fenster auf, weil er Frischluftbedarf hat. „Es zieht", poltert es dann aus einer anderen Ecke, nicht etwa „würde es Dir was ausmachen, wieder zuzumachen, mir ist kalt, Danke Dir." Jalousien gehen je nach Sonneneinstrahlung automatisch rauf und runter, die Heiztemperaturen passen sich irgendwelchen Außenfühlern an. Diese passen aber nicht unbedingt zu den individuellen Befindlichkeiten. Dem Einen ist es zu dunkel, auf einem anderen Platz hingegen blendet die Sonne. Zu warm, zu kalt, zu laut, mehrere gleichzeitig in unterschiedlichen Telefonkonferenzen und so weiter. Dabei soll man konzentriert arbeiten? Konflikte sind so vorprogrammiert. Willkommen in der Legebatterie. Ob jemand von denen, die solche Locations entwerfen, schon jemals selbst über einen längeren Zeitraum in einer solchen gearbeitet haben? Wahrscheinlich eher nicht.

Es gibt Firmen, darunter auch große Konzerne, die arbeiten mit Systemen, die eigentlich generell nicht zu deren Prozessen passen, beziehungsweise nicht mehr an aktuelle Gegebenheiten angepasst wurden. Einmal eingeführt und nicht mehr aktualisiert, also quasi auf vorsintflutlichem Stand. Würde ja Geld kosten. Deswegen lässt man lieber die Mitarbeiter gleich einer Sisyphusarbeit unter hohem Zeitaufwand alles passend machen, statt auf die Unternehmensbedürfnisse upzugraden, neudeutsch customizen. Man muss die Systeme geradezu vergewaltigen, um am Ende das herauszubekommen, was rauskommen soll. Verschwendung von Ressourcen, die anderweitig gewinnbringender eingesetzt werden könnten. Ob davon vielleicht noch Transaktionen im Hintergrund und andere Abteilungen und deren Abläufe betroffen sind, scheint dabei nicht zu interessieren. Ob so generierte Daten und Auswertungen stimmig sind, sei dahingestellt.

Trotz System müssen manuelle Dokumente zusätzlich erstellt werden, oft in Form von ellenlangen Exeltabellen, weil die aus dem System generierten nicht die Kundenanforderungen erfüllen. Eigentlich würde es fast Sinn machen, die Dokumentationen wieder mit der Schreibmaschine zu erstellen und dem Kunden die Ware selbst hinzufahren. Ginge möglicherweise schneller. Das ist wie das papierlose Büro. Gefühlt scheint überall da, wo es eingeführt wurde, die Papierflut höher zu werden als je zuvor.

Ein häufiges Problem sind nicht klar definierte Schnittstellen und Verantwortlichkeiten sowie unklare oder sogar fehlende Prozessbeschreibungen. Eine Folge davon ist, daß man Meinungsverschiedenheiten und Reibereien mit Kollegen bekommt, die man an sich schätzt und mag. Den einen oder anderen könnte man vielleicht sogar liebhaben. Ein vorher gutes Miteinander, heute sowieso ein immer selteneres Gut, wird so zunichte gemacht.

Wenn sich deswegen keiner zuständig fühlt und die Vorarbeiten nicht im erforderlichen Maße erbracht werden, beißen den letzten in der Prozesskette die Hunde. Derjenige muß dann alle Informationen beschaffen, wo es vorher versäumt wurde. Und das am Besten schon gestern, weil es natürlich mittlerweile total pressiert, nachdem der jeweilige Vorgang nun schon einige Zeit innerhalb des Unternehmens umherzirkuliert ist, ohne irgendeinen Fortschritt. Derjenige kann aber gar nicht vorwärts kommen, weil ihm noch Infos fehlen und vielleicht noch dazu die Info, von wem er diese überhaupt bekommen kann. Er hat auch die verärgerten Kunden im Genick. Druck von allen Seiten, jeder prügelt auf ihm rum. „Warum ist das denn noch nicht erledigt?" Ja, warum nur! Erfolgs-erlebnisse fast Null. Es macht mürbe, wenn man an sich ein Leistungsträger ist und die Arbeit gut und zügig erledigen will, einem das aber nahezu un-möglich gemacht wird und man nicht vom Fleck kommt. Man würde gerne seine Arbeit tun und wird permanent ausgebremst. Man macht Über-stunden, weil man ja irgendwann mal was vom Tisch bekommen will und auch muß. Das Privatle-ben und die damit verbundenen sozialen Kontakte kommen zu kurz. Work-Life-Balance? Immer we-niger. Im übertragenen Sinne läuft man den ganzen Tag mit dem Kopf gegen die Wand. Und irgend-wann tut es weh. Das macht was mit einem. So manch einer müsste Schmerzensgeld dafür be-kommen.

Als ich kürzlich krank zu Hause war, hatte ich eine Rückfrage zu einer Gehaltsabrechnung. Als ich per Mail bei einer Kollegin vor Ort einen Ansprech-partner, Mailadresse und Telefonnummer erfragen wollte, hieß es, ich müsse über eine Datenbank ein Ticket anfordern. Ich wunderte mich, wie ich das über meinen privaten PC umsetzen sollte und bat erneut um einen konkreten Ansprechpartner. Nun wurde mir eine Sammeladresse mitgeteilt, an wel-che ich eine Mail senden sollte. Es wird einem selbst als Mitarbeiter nahezu unmöglich gemacht, unternehmensintern einen persönlichen Ansprechpartner zu erreichen und seine Anliegen zu klären.

Bezüglich sogenannter effizienter Arbeitsabläufe zur Verdeutlichung hier zwei noch relativ einfache Beispiele aus der Praxis:

Es wird eine neue Artikelnummer benötigt. Erstmal müssen diverse Informationen an verschiedenen Stellen eingeholt werden. Man muß wissen, von welcher Stelle, und vollständig müssen sie auch sein. Dann erfolgt die Artikelanforderung über's System. Trotzdem muss der nächste Bearbeiter eine Mail gesendet bekommen. Dieser – in einem anderen Land ansässig – muss approven (auch so ein schönes neudeutsches Wort). Angelegt wird der Artikel wieder von einem anderen Mitarbeiter, wiederum in einem anderen Land. Dann bekommt man eine Mail, dass er angelegt ist. Wenn er hoffentlich korrekt angelegt wurde, kann er erfasst werden. Aber natürlich muß noch eine Mail geschrieben werden, daß dies erfolgt ist. Es leben die Systeme und Workflows!

Um einen neuen Kunden systemisch anzulegen, müssen dessen Daten in einer Datenbank gepflegt werden. In einem anderen Land werden sie in das eigentliche Warenwirtschaftssystem eingetragen.

Das bedeutet, daß die Daten zwei Mal erfaßt werden. Wenn der Kollege im Land, wo ins System übertragen wird, weitere Infos benötigt, holt er diese nicht etwa selbst ein. Nein! Er schreibt an den Anforderer zurück, welcher dann wieder die Kunden fragt. Also auch hier jeweils mindestens zwei Arbeitsschritte statt einem. Wo liegt hier die Ersparnis? Der Sinn solcher Prozesse erschließt sich nicht wirklich. Der Fachmann staunt, der Laie wundert sich. Immer mehr Beschneidung von Kompetenzen, immer mehr Schnittstellen, immer mehr Arbeitsschritte. Die rechte Hand weiß nicht, was die linke macht. Wenn man überhaupt weiß, wer diese andere Hand ist. Der Bearbeiter kommt nicht vorwärts. Gleichzeitig wird er per Email oder Intranet mit Informationen geflutet, die er an sich gar nicht benötigt. Sichten muss er diese trotzdem und über Nutzen oder Nichtnutzen entscheiden. Information Overkill. Zeitfresser.

Man verbringt als Mitarbeiter auch immer mehr Zeit in Meetings und Schulungen, und das zunehmend online. Ich erinnere mich an eine kürzlich durchgeführte Online-Schulung mit technischem Inhalt. Wir Kaufleute sollten auch daran teilnehmen, es könne ja grundsätzlich nicht schaden. Die Schulung war auf Englisch, was selbst bei guter

Sprachkenntnis schon eine Herausforderung ist, wenn es sich um eine thematisch unbekannte Materie mit entsprechendem Fachvokabular handelt. Wenn der Vortragende des Englischen mehr schlecht als recht mächtig ist, wird es problematisch. Er hatte sich sicher alle Mühe gegeben, aber nicht nur ich hatte das Meiste nicht verstanden. Ein Kollege meinte: „Ich versteh' nix! Eine Zumutung ist das! Das ist ja ein lieber Kerl, aber der soll was mit Tieren machen oder irgendwas, wo er nix schwätzen muß!" Ja, ein gewisser Galgenhumor macht es manchmal erträglicher. Der Kreis der Teilnehmer war groß und nicht nur für meinen Bereich war die Teilnahme absolute Zeit- und Ressourcenverschwendung.

Aus derartigen Gegebenheiten resultieren Überstunden, Frustration, Demotivation, schlechtes Betriebsklima, Krankheit und verärgerte Kunden wegen langer Bearbeitungsdauer und Fehlern. Äußert man als Mitarbeiter Kritik, so ist das meist nicht gerne gesehen, und sei sie noch so berechtigt und konstruktiv.

Wendet man sich an die Vorgesetzten, ist das auch nicht unbedingt hilfreich. Ich habe noch Vorgesetzte kennengelernt, die in der Firma, in welcher sie tätig waren, die Prozesse von der Pike auf gelernt haben. Sie wußten genau, worüber sie sprachen und konnten dementsprechend passende und nachvollziehbare Entscheidungen fällen. Heute ist es oft so, daß Führungspositionen mit Menschen besetzt werden, die gerade ihr Studium abgeschlossen haben. Freilich fehlt die entsprechende Berufspraxis und das Detailwissen über das jeweilige Unternehmen und dessen Prozesse. Oder die Kandidaten kommen aus völlig anderen Branchen. Sie müssen Entscheidungen fällen zu Themen, über die auch sie nicht ausreichend informiert sind. Oft sind sie selbst nur ausführendes Organ, weil noch weitere Führungsebenen über ihnen sind. Immer mehr Häuptlinge und immer weniger Indianer.

In meiner Laufbahn gab es vor vielen Jahren den Fall, daß mir mein eigener ehemaliger Auszubildender als Abteilungsleiter vor die Nase gesetzt wurde. Das abteilungsspezifische Wissen hatte ich ihm vermittelt. Welchen Wissensvorsprung konnte er mir gegenüber nach meiner jahrelangen Tätigkeit und Erfahrung haben?

Und natürlich gibt es auch in diesen Positionen charakterliche Eigenschaften wie mangelndes Durchsetzungsvermögen, Konfliktscheue, Harmoniebedürfnis oder im Gegenzug cholerisches Verhalten, Selbstdarstellung, Narzißmus und viele mehr, immer öfter gepaart mit persönlicher und fachlicher Inkompetenz. Speziell auf der Führungsebene sind diese für das Arbeitsleben alles andere als förderlich.

Langfristig führen solche Auswüchse von Unzufriedenheit über die innere bis zur realen Kündigung. Die Fluktuation nimmt zu, dadurch wird vorhandenes Wissen im Unternehmen minimiert. Damit ist keiner Seite geholfen. Auch bedeuten immer kürzere Betriebszugehörigkeiten zunehmenden Wissensverlust in den Unternehmen. Früher sind Mitarbeiter in der Firma, wo sie gelernt haben, auch in Rente gegangen. Langjährige Betriebszughörigkeiten scheinen jedoch heute nicht mehr zeitgemäß zu sein. Viele Arbeitsverhältnisse sind zeitlich befristet. Dadurch fehlende Sicherheit erschwert den Arbeitnehmern eine längerfristige private Lebensplanung.

Mittlerweile gängige Praxis ist auch die Ausgliederung von Arbeitsbereichen ins Ausland. Die Mitarbeiter selbst dürfen Ihre Nachfolger einarbeiten, noch nicht wissend, ob sie selbst Ihren Job verlieren oder gnädigerweise noch bleiben dürfen, um die Kollegen im Ausland zu supporten. Für diesen Wissenstransfer gibt es zirka zwei Monatsgehälter – brutto, versteht sich. Dafür, daß man Kollegen oder sich selbst quasi über kurz oder lang ab-schafft – und das selbstverständlich am Besten hochmotiviert. Wie nett!

Das führt natürlich zu Konkurrenzverhalten untereinander bis hin zum Mobbing, da ja jeder bestrebt ist, seinen Arbeitsplatz nicht zu verlieren. Das ist irgendwo auch menschlich. Ein guter Soldat ist sich selbst der nächste, jeder schaut, daß er überlebt. Aber für das Miteinander natürlich absolut unschön, selbst wenn es vorher noch so gut war. Eine traurige Konsequenz.

Ein Transfer von Prozessen ins Ausland von etwas, das schon im Inland nicht optimal funktio-niert – die Erfolgsaussichten kann man sich ebenso ausrechnen wie die Freude inländischer Kunden darüber, in einer Fremdsprache bedient zu werden, die auch nicht die Muttersprache des neuen Mit-arbeiters ist.

Made in Germany? Leider immer mehr Fehlan-zeige, auch bei Dienstleistungen. Dabei zeigen doch gerade jüngste Ereignisse, wie fatal wirt-schaftliche Fremdabhängigkeiten sind und wie wichtig mehr inländische Produktion und Dienst-leistungen wären. Ich frage mich, was mit der da-durch wachsenden Anzahl an inländischen Er-werbslosen werden soll?

Zusammenfassend läßt sich feststellen, daß immer mehr Unternehmen und deren Mitarbeiter heutzutage fast nur noch mit ihren Prozessen beschäftigt sind, anstatt mit dem eigentlichen Zweck Ihrer Arbeit, wie zum Beispiel Geschäftsfälle effizient abzuwickeln, Kunden zu bedienen und zufriedenzustellen. Aber ohne Kunden kein Business und ohne Business keine Jobs. Mit Mitarbeitern, die demotiviert oder krank sind, nicht voll leistungsfähig oder komplett ausfallen, auch kein Business. Offenbar ist das immer noch nicht überall angekommen. Selbst die steigende Anzahl an Krankheits- und Burn-out-Fällen lässt Führungskräfte und leider auch immer mehr Betriebsräte offenbar völlig unbeeindruckt. Es gibt noch ein Leben außerhalb der Arbeit. Und wir alle haben in der Form nur dieses eine. Es scheint weder um qualitativ gute Arbeit, noch um Kunden und erst recht nicht um die Mitarbeiter zu gehen, sondern nur noch um Zahlen, Zahlen, Zahlen.

Dies alles sind keine Einzelfälle. Ich höre derartige Geschichten aus den verschiedensten Bereichen. Wenn man den Arbeitgeber wechselt in der Hoffnung, daß es dort besser ist, erlebt man immer öfter die gleichen Geschichten in grün. Déjà vú – nur in anderem Umfeld mit anderen Akteuren. Mein persönlicher Eindruck ist, daß sogenannte Berater-firmen mit immer ähnlichen Lehren durch die ver-schiedenen Unternehmen ziehen und sich die Füh-rungskräfte auf immer ähnlichen Weiterbildungs-seminaren tummeln. Wenn letztere dann die Leh-ren in den Betrieben umsetzen, nimmt das Chaos seinen Lauf.

Fortschritt, Veränderung und Wandel sind ja nicht grundsätzlich schlecht – wenn sie denn eine Ver-besserung bedeuten. Leider ist nur zu oft das Gegenteil der Fall.

Gedanken, Ausblicke, Möglichkeiten

Auswirkungen auf Kunden, Mitarbeiter, Unternehmen und Gesellschaft

Die hier erzählten skurrilen Geschichten stehen beispielhaft für viele. Die Reihe ließe sich endlos fortsetzen. Als ich noch jünger war dachte ich, das seien Ausnahmefälle, ich habe ein besonderes Pech, mieses Karma oder sowas in der Art. Aber es sind keine Ausnahmen, sondern es ist mittlerweile die Regel. Wenn ich alle derartigen Fälle niedergeschrieben hätte, könnte ich wahrscheinlich viele Bände füllen. Im Fernsehen sieht man auch regelmäßig Berichte zu solchen Thematiken. Sicher haben auch *Sie* massig Geschichten und Anekdoten und können ein Lied davon singen. Es werden immer mehr und es wird nicht besser. Wo soll das noch hinführen? Was ich dabei am Bedenklichsten finde: es ist oft völlig sinnfrei und kostet unser aller wertvolle Energie und Lebenszeit! Und letztere ist vergänglich. Zusätzlich zu Arbeit, Familie und dem ganz normalen Wahnsinn bleibt immer weniger Zeit für Privatleben, soziale Kontakte und Entspannung. Immer mehr Stress, Gereiztheit, Aggression bis hin zu Krankheit und totaler Erschöpfung, vielleicht auch Einsamkeit und sozialer Isolation. Auf der Stelle treten, nicht vorwärtskommen – das macht was mit einem. Die immer weiter steigende Zahl der psychischen Erkrankungen ist in meinen Augen absolut nicht verwunderlich.

Daß sich das Ganze auf das Verhalten der Menschen untereinander und auf unsere ganze Gesellschaft auswirkt, ist völlig logisch. Wo zunehmend mehr Menschen immer öfter unter Druck und Stress stehen, dementsprechend gereizt und unter anderem auch deswegen rücksichtslos agieren, wird das Klima immer rauher, kälter, unmenschlicher.

Kann man dieser Entwicklung überhaupt noch entgehen? Nicht nur ich fühle mich fast nur noch als Sklave von Bürokratie, Digitalisierung und mangelndem Service. An individuelle Ziele kommt man bei diversen Unternehmen mittlerweile oft nur mit extrem großen Mühen, guten Nerven und nach mehrmaligem Nachfassen – wenn überhaupt. Möglicherweise ist das auch gar nicht erwünscht? Der Berg unerledigter Dinge wächst immer weiter und erdrückt einen. Unterdrückt einen. Deprimierend. Es fühlt sich wie eine subtile Form von Gewalt an. Weg von Individualismus, Selbstbestimmung und Selbstverwirklichung hin zu einer ferngesteuerten, trägen, einfach nur noch funktionierenden und vor allem konsumierenden, unmündigen Masse. Einheitsbrei. Ist das beabsichtigt? Ist das erstrebenswert? Für die Unternehmen vielleicht. Aber wie wirkt sich das langfristig aus? Wie sich die Masse auf Dauer verhält, bleibt abzuwarten. Die Frage ist, *wollen wir das?*

Das Ganze betrifft nicht nur Kunden und Verbraucher, sondern auch die Mitarbeiter am anderen Ende der Prozesskette. Oft sind sie in den immer komplexer werdenden und wenig bis gar nicht mehr funktionierenden Prozessen und Systemen gefangen, haben meist nur einen sehr eingeschränkten Handlungsspielraum und können gar nicht im notwendigen Maße agieren, und wenn sie es noch so gerne würden. Sinnstiftend ist es für diejenigen sicher auch nicht.

Der Kunde muss immer mehr selbst machen, sich in immer mehr auskennen, sich ständig zum Universalgenie für alle Bereiche weiterbilden, und das wird ihm noch als toller Service verkauft.

Gewinner dabei sind nur die Unternehmen. Sie können Mitarbeiter und damit Kosten einsparen. Aber das ist meiner Meinung nach kurzfristig gedacht. Kürzlich habe ich in der Zeitung gelesen, daß die Unternehmen den unzufriedenen, aggressiven Kunden damit begegnen wollen, ihre Mitarbeiter im Umgang mit diesen zu schulen. Das ist an den Symptomen gedoktert und behebt nicht die Ursachen. Der Kunde möchte ernstgenommen werden und seine Anliegen erledigen. Transparenz, bedienerfreundliche Medien und Systeme, schlanke, effiziente Prozesse, bessere persönliche Erreichbarkeit und überhaupt persönliche Ansprechpartner – echte Menschen – ergäbe zufriedenere Kunden und auch ebensolche Mitarbeiter, noch dazu gesündere. Letztere müssen auch befähigt werden, ihren Job ausüben zu können. *Keep it simple!* Wieder hin zu mehr Lebensqualität, mehr Menschlichkeit, mehr Sinn!

Meiner Meinung nach müsste die Kostenersparnis auf diesem Wege um einiges höher ausfallen und langfristiger sein als so, wie es aktuell immer mehr praktiziert wird. Der wirtschaftliche Schaden durch Arbeitsausfall wegen psychischer Erkrankungen ist mittlerweile immens. Die Kosten fallen auf unser Gesundheitswesen zurück. Zahlen müssen wir dafür alle – mit unseren Beiträgen und Steuern.

Ich lese immer öfter von der Entbürokratisierung von Behörden. Die Notwendigkeit dafür läßt sich nicht bestreiten. Aber ebenso fallen Einsparungen in diesem Bereich wieder auf den Verbraucher zurück, der dann auch hier noch mehr selbst machen muß. Als Ausgleich müßten dann eigentlich dessen Arbeitszeiten verkürzt werden. Bei vollem Lohnausgleich, versteht sich. Der zeitliche Mehraufwand für jeden Einzelnen ist langsam nicht mehr zu stemmen. Außerdem muß gegeben sein, daß jeder Zugriff auf die jeweiligen Medien hat. Die technischen Voraussetzungen müssen bedienerfreundlich sein, daß jeder damit zurechtkommen kann. Und vor allem müssen sie eines: funktionieren.

Digitalisierung sollte den Menschen eine Unterstützung und Ergänzung sein und sie nicht völlig vereinnahmen und schon gar nicht lähmen.

„Service Wüste Deutschland." Alles was unser Land einst ausgezeichnet hat, darunter gute Qualität, Verwaltung und Organisation, guter Service, ist aktuell stark rückläufig. Auch die Errungenschaften für bessere Arbeitsbedingungen.

Schöne neue Welt?

Digitalisierung ist ja gottseidank nicht nur schlecht. Sie bietet auch Vorteile und Möglichkeiten, die es ohne sie nicht gäbe. Aber jedes Ding hat bekanntlich zwei Seiten.

Wenn man im Supermarkt die SB-Kasse nutzt, ist man möglicherweise ein bißchen schneller. Aber wenn wir auf Dauer alle so denken, werden viele Kassiererinnen arbeitslos.

Wenn wir nur noch online shoppen, sterben Fachgeschäfte, persönliche Beratung, Kontakt und möglicherweise ganze Innenstädte aus, während Bürokratie und Digitalisierung immer weiter um sich greifen.

Wenn sogar sogenannte Fachgeschäfte auf das Internet verweisen, rationalisieren sie sich selbst weg.

Es gibt dank dieser Entwicklung aber auch viele Dinge, die finde ich absolut großartig, sie bereichern mein Leben und ich möchte sie nicht mehr missen.

Ich habe mir ergänzend zu meinem Laptop ein Tablet gekauft und freue mich jeden Tag daran, wie praktisch das ist. Ich habe durch meine Arbeit ein Notizprogramm entdeckt, welches meine Zettelwirtschaft eindämmt, meinen Notizen mehr Struktur gibt. Ich habe sie immer dabei und kann gute Ideen jederzeit schnell festhalten. Tolle Sache!

Neue Rezepte. Nahezu unbegrenzt Musik und vieles mehr. Man muß sich halt darüber im Klaren sein, daß man im Gegenzug Daten und Nutzergewohnheiten von sich preisgibt.

Mein Reader spart massig Platz in den ohnehin zu vollen Bücherschränken. Auf Reisen hat man leichteres Gepäck. Unterwegs, beispielsweise im ÖPNV oder im Wartezimmer beim Arzt finde ich die Handhabung praktisch. Man kann digital wichtige Stellen markieren. In einem richtigen Buch male ich persönlich eher ungern herum. Trotzdem lese ich noch Bücher und die Tageszeitung in Papierform. Das Eine muß ja das Andere nicht ausschließen. Aber wenn ich im Reader lese, kennt das World Wide Web meine bestellten Bücher, meine gelesenen Artikel und somit meinen Lesegeschmack.

Dieses Buch wäre ohne die neuen Technologien nicht entstanden. Ich wußte unter anderem nicht, wie man ein Inhaltsverzeichnis erstellt – das Internet schafft Abhilfe. Haushaltstips, Anleitungen, Foren, wo man Fragen stellen und Hilfe bekommen kann – klasse, sehr hilfreich! Ich habe beispielsweise mit Hilfe einer Videoanleitung den Schlauch am Hinterrad meines Fahrrads gewechselt.

Online-Kurse und -Vorträge – in Zeiten von Corona und auch zur Überbrückung räumlicher Distanz eine tolle Sache! Neulich habe ich mit einer Bekannten virtuell gekocht, die über 500 Kilometer entfernt lebt. Lustig! Apps mit Wandertouren und entsprechender Wegführung. Man kann traumhafte Wege und Touren entdecken, die man sonst nie gefunden hätte.

Als ein großes Stück Freiheit empfinde ich mein Navi. Viele Strecken wäre ich aufgrund mangelndem Orientierungssinn nie gefahren.

Kürzlich war mein Cabrio in der Werkstatt. Das ist noch relativ „oldschool". Ich bekam dafür einen Leihwagen, einen Hybrid. Schlüssel? Braucht man nicht mehr. Man hat eine Art Scheckkarte. Aufschließen? Nein! Sobald man sich dem Wagen nähert – Sesam öffne Dich – wird der Wagen entriegelt, auch wenn besagte Karte in der Jackentasche steckt. Öffnet man dann die Tür, empfängt einen der Bordcomputer mit Musik. Und wow, dieser funktioniert so selbsterklärend, daß sogar jemand, der nicht so bewandert ist, super damit klarkommen kann. Er weist mich draufhin, wenn ich zu schnell fahre. Ein leichtes Ruckeln im Lenkrad macht mich aufmerksam, daß ich zu nah an der Mittellinie fahre. Als Unterstützung finde ich das toll und hilfreich. Wenn er mir noch beim Einparken behilflich ist, prima. Ich bin durchaus begeistert! Aber ein bisschen Kontrolle wünsche ich schon zu behalten und möchte noch selbst fahren. Gottseidank ist das aktuell noch möglich.

Solange diese Dinge einen unterstützen, das Leben leichter machen und – ganz wichtig – auch funktionieren, ist das etwas Wunderbares. Problematisch wird es, wenn sie nicht funktionieren und wenn sie nicht nur dadurch, sondern generell immer mehr Raum und vor allem zu viel Kontrolle im Leben eines jeden Einzelnen einnehmen. Auch im Auto: wie schnell fahre ich, wohin, wie lange, wie oft, wie ist mein Fahrstil. Mag sein, daß es hilfreich für die Unfallvermeidung sein kann. Vielleicht entstehen aber auch neuartige Unfälle aufgrund der veränderten Technologien. Die Entwicklung bleibt abzuwarten.

Früher nannte man das Science Fiction, heute sind wir mitten drin. Jede Medaille hat auch eine Kehrseite. Die Entscheidung liegt beim Einzelnen, in welchem Umfang er dies zulassen möchte. Zumindest da, wo noch Wahlmöglichkeiten vorhanden sind. Wer weiß, wie lange noch.

Kann der Verbraucher etwas tun?

Der Wandel hat uns im Griff. Doch statt uns das Leben zu erleichtern, scheint er uns in diversen Bereichen zunehmend zu blockieren. Ich weiß nicht, ob man gegen das noch ankommen kann, wo uns die Unternehmen da hineinmanövrieren. Von gewissen Institutionen wie Krankenkassen, Versicherungen, Telekommunikation ist man bedauerlicherweise abhängig. In einigen Bereichen mag es Methode haben. Zermürbungstaktik. Aussitzen. Bis der Kunde keine Lust mehr hat und entnervt seine Ansprüche aufgibt. Manchmal hilft ein Anbieterwechsel, aber leider nutzt der Wettbewerb zunehmend ähnliche Methoden, und so stößt man woanders auf selbige Problematiken. Beschwerden des Einzelnen laufen bei den Unternehmen oft ins Leere, ich versuche es trotzdem immer wieder. Zum einen mache ich meinem Unmut damit Luft. Zum anderen denke ich, wenn gar keiner was sagt, kann sich erst recht nichts ändern. Wo kein Kläger, da kein Richter. Kürzlich habe ich mich mit einem Anliegen an die Verbraucherzentrale gewandt und erfahren, daß sie dort eingehende Beschwerden dokumentieren und im Falle einer Häufung an die jeweiligen Unternehmen herantreten. Möglicherweise ist das ein Weg? Wenn zahlreiche Verbraucher ihn gehen, kann gemeinsam vielleicht etwas bewegt werden? Ich werde diese Möglichkeit künftig bei derartigen Problemen verstärkt nutzen. Einen Versuch ist es wert. Die Erreichbarkeit bei der Hotline war hier übrigens sehr gut.

Was der Einzelne noch tun kann, ist den privaten Konsum mittels Internet auf ein erträglicheres Maß reduzieren.

Relativ am Anfang meiner privaten Onlinenutzung stand die Suche nach einem neuen Auto. Das ist schon einige Jahre her, aber ich erinnere mich, daß ich deswegen viele Abende am PC verbracht hatte, bis irgendwann das Objekt der Begierde gefunden war. Vom zusätzlichen Sitzen nach einem sowieso schon langen Büroalltag bekam ich noch mehr Rücken. Mein sonstiges Bewegungsprogramm wie zum Beispiel regelmäßige Spaziergänge war in dieser Zeit stark zurückgefahren, zugenommen hatte ich tatsächlich auch. Noch dazu war der damalige Laptop technisch sehr langsam, was noch mehr Zeitverlust bedeutete. Ich dachte, das geht vorbei, wenn das erledigt ist, habe ich wieder mehr Zeit. Aber es ist nie mehr rum. Irgendwas sucht man immer und alles findet immer mehr online statt.

Wenn ich früher einen Urlaub buchen wollte,

hatte ich ein Reisebüro aufgesucht. Ich bekam Kataloge und ein paar Vorschläge, dann habe ich dort buchen lassen. Dieses Prozedere hat auch Zeit gekostet, aber es war vergleichsweise relativ überschaubar. Rückwirkend betrachtet war das meiner Meinung nach entspannter und weniger zeitintensiv, und nach den letzten Erlebnissen werde ich wieder zu diesem Prozedere übergehen, wo es möglich ist. Seit es die Möglichkeit über das Internet gab, weiß ich gar nicht mehr, wie viele Abende ich mit einem früheren Partner am Computer verbracht hatte, bis das Passende gefunden war. Da gingen zusammengerechnet schon ganze Urlaubstage drauf und spielten sich Dramen ab, bis die finale Entscheidung getroffen war. Das Leben außerhalb des Internets wie zum Beispiel Haushalt war in solchen Zeiten völlig lahmgelegt. Entsprechend gestresst und unleidlich wurde ich.

Oft kamen zunächst mehrere Optionen in Frage und das Optimum mußte gefunden werden. Dann versucht man sich an Bewertungsportalen zu orientieren. Aber hier finden sich bekanntermaßen ebenfalls viele unseriöse Bewertungen, somit ist das auch nicht immer hilfreich. Man kommt vom Hunderste ins Tausendste. Einerseits schön, wenn man die Wahl hat. Aber wenn es zuviel Auswahl gibt, egal in welchem Bereich, kann es unheimlich schwierig werden, das genau Passende zu finden und eine Entscheidung zu treffen. Da sind wir wieder beim Information Overkill.

Das ist so ähnlich wie neulich im Supermarkt. Ich war auf der Suche nach Pralinen aus dem Angebot. Die Auswahl hat mich erschlagen. Fündig wurde ich zunächst nicht. Einem älteren Herrn neben mir ging es genauso. „Das ist von allem viel zu viel. Schauen Sie nur", deutet er auf ein neues Regal. „Alles nur Joghurt, so viel!" Ja, so ist es mittlerweile mit vielem. Und wenn man älter wird, tut man sich damit augenscheinlich noch schwerer. Die Auswahl im Supermarktregal ist jedoch ein Klacks gegen die schier endlosen Möglichkeiten im World Wide Web.

Aber zurück vom Kühlregal zum Internet. Es haben sich irgendwann immer mehr Newsletter und Ähnliches eingeschlichen. Die Unternehmen werden in dem Bereich auch immer penedranter. Was mal mit einem Newsletter in der Woche anfing, wurden irgendwann drei oder vier. Manche Unternehmen schicken nahezu täglich welche. Ich habe Bestandsaufnahme gemacht und geschaut, was ich davon wirklich brauche. Zum Beispiel: wann habe ich Urlaub gebucht aufgrund eines Newsletters? Ein besonderes Schnäppchen gemacht? Nie? Und selbst wenn, die paar Euro, die ich aufgrund dessen gespart habe, stehen in keiner Relation zu der Lebenszeit, die ich für die Sichtung der Mails aufgewendet habe. Ich habe fast alle Newsletter abbestellt. Wenn ich etwas konkret brauche, gehe ich proaktiv auf die Suche. Mehr nutzen statt sich benutzen lassen.

Ich nutze meine Mailbox fast nur noch für meine Korrespondenzen. Diese versuche ich möglichst zeitnah zu bearbeiten, damit der Maileingang so leer wie möglich bleibt. Spätestens zum Monatsende schaue ich, was noch übrig ist und wo ich nochmal nachfassen muß. Dokumentenanhänge, die ich noch benötige, speichere ich separat thematisch gegliedert auf meiner Festplatte ab.

Ich mache kein Tarifhopping. Auch hier rechtfertigt die Ersparnis nicht unbedingt die für die Recherche aufgewendete Zeit. Zumindest war es bei meinen Versuchen so. Und ich persönlich bin froh, wenn ich einen Anbieter habe, wo es einfach relativ problemlos läuft. Was nützt mir beispielsweise eine Versicherung, die fünf Euro im Monat günstiger ist, wo ich aber niemanden erreiche und die im Ernstfall nicht zahlt.

Wenn ich einen Arzt oder eine Institution suche, frage ich wieder vermehrt im Bekanntenkreis nach Empfehlungen, anstatt mich nur an Bewertungsportalen zu orientieren. Wenn jemand einen tollen

Urlaub verbracht hat und mich das Ziel auch anspricht, notiere ich mir das als eine Option für meinen künftigen Urlaub. Mundpropaganda von Menschen, die ich kenne, mit wirklichen Erfahrungen statt digitaler Bewertungen, von denen ich nicht weiß, ob sie echt und verläßlich sind. Schneller geht es noch dazu.

Chats muß man schreiben. Was man schreibt, später wieder sichten und löschen, weil der freie Handyspeicher am Limit ist. Und oft tauchen gesendete Fotos noch in separaten Unterordnern auf, von deren Existenz man noch nicht mal eine Ahnung hatte. Also ist hier nochmal Sichten und Löschen angesagt. Ich reduziere meine Chats und greife wieder mehr zum Telefon.

Diese Maßnahmen bedeuten zunächst einen Aufwand und scheinen banal, aber der daraus resultierende Zeitgewinn macht sich tatsächlich bemerkbar.

Ich schätze, die Allerwenigsten von uns machen sich Gedanken, was nach ihrem Ableben mit den Daten geschieht – Stichwort digitaler Nachlaß. Die Hinterbliebenen müssen sich darum kümmern. Dazu müssen sie wissen, welche Konten und Verträge es gibt, unter welchem Benutzernamen und mit welchem Passwort der Zugang erfolgen kann.

Was muß gekündigt, gelöscht oder in einen Gedenkmodus versetzt werden? Als ich letztes Jahr damit anfing, mir darüber Gedanken zu machen, ging mir auf, wie komplex das Ganze ist und ich fing an, zu vereinfachen und zu reduzieren. Ein Faß ohne Boden! Dabei bin ich persönlich relativ gemäßigt im Netz unterwegs. Spätestens bei solchen Gedanken sollte jedem klar werden, daß ein bewußterer Umgang absolut essentiell ist, wenn man bei diesem Thema noch irgendeinen Überblick behalten möchte. Haben *Sie* ihn?

Während des Lockdowns waren Online-Bestellungen eine gute Sache, oft die einzige Möglichkeit, Waren zu erwerben und für viele Geschäfte die einzige Möglichkeit, zu überleben. Aber im Normalfall bestelle ich im Internet nur das, was ich im Handel vor Ort nicht bekomme. Man darf sich nicht beschweren, daß die Innenstädte aussterben und es überall nur noch die gleichen Läden gibt, wenn immer mehr Menschen mehrheitlich online kaufen. Das Individuelle, die regionalen Besonderheiten, die jede Stadt ausgemacht haben, unterschiedliche Geschäfte, Gastronomie etc. gehen immer mehr verloren. Und es sind doch auch Orte der Begegnung und Bestandteile unserer Kultur, sie machen das Leben bunt! Ich möchte nicht auf diese Dinge verzichten! Sie? Durch die getroffenen

Maßnahmen zur Corona-Pandemie hat sich die Situation in den Städten zusätzlich massiv verschärft, diese Entwicklung beschleunigt. Ladenlokale stehen immer länger leer, verkommen und verschandeln das Stadtbild. Der Trend Richtung Onlinehandel wird weiter forciert. Durch den Schwund an Geschäften, die nicht überlebt haben, und fehlende Warenverfügbarkeiten vor Ort bei gleichzeitiger prompter Verfügbarkeit im Internet wird der Verbraucher noch weiter in diese Richtung gelenkt. Davon abgesehen werden auch die Baustile zunehmend vereinheitlicht. Bald fehlt jeglicher Anreiz, eine andere Stadt zu besuchen. Ist ja sowieso überall das Gleiche.

Der Kauf vor Ort würde schätzungsweise auch den Transportwahnsinn reduzieren. Allein bei uns im Haus kommen fast jeden Tag mindestens drei verschiedene Kurierdienste an. „Eigentlich könnten Sie doch hier einziehen", schlage ich einem häufig hier ein- und ausgehenden Paketboten vor. „Nicht nur hier", stöhnt er. Glaube ich. Noch dazu sind die Bezahlung und die Arbeitsbedingungen in diesen Berufen oft sehr schlecht. Aber natürlich ist das immer noch besser, wenn Boten die Pakete bringen, als daß letztere in Zukunft durch Drohnen angeliefert werden sollen. Das bedeutet noch mehr Arbeitslose. Und es gruselt mich bei der Vorstellung, daß unzählige solcher Gerätschaften durch die Lüfte schwirren sollen.

Dann noch der ganze anfallende Verpackungsmüll. Die Retouren, wo noch dazu in den Medien immer wieder gezeigt wird, daß sogar original verpackte Ware entsorgt wird. Warum?! Das ist doch Wahnsinn! Man könnte sie doch weiter verkaufen. Oder an Bedürftige geben. Entsorgung scheint aber offenbar die preisgünstigere Variante für die Anbieter zu sein.

Sicherlich sind unter den Kunden einige, die auf der anderen Seite wegen des Klimawandels demonstrieren. Was das Thema Umweltschutz angeht, so muss dieser weltweit praktiziert werden. Es bringt wenig, wenn ein Land Maßnahmen konsequent umsetzt, während andere die Umwelt weiter ausbeuten und verseuchen, als hätten sie noch einen Ersatzplaneten im Keller. Und es geht nicht von jetzt auf gleich, das wird sicher ein langwieriger Prozess. Natürlich muß einer den Anfang machen und es ist gut, daß der Stein immer mehr ins Rollen kommt. Aber dies sollte mit Bedacht geschehen, nicht mit der Brechstange und blindem Aktionismus.

An und für sich muß natürlich das *gesamte* Konsumverhalten beleuchtet werden.

Muß man wirklich jede Mode mitmachen, dauernd das neueste Handy, den neuesten Fernseher, das neueste Auto und so weiter haben? Materieller Reichtum macht ja bekanntlich nicht unbedingt einen guten Menschen aus.

Ich brauche nicht jedes Feature. Ich bin froh, wenn ich etwas habe, das möglichst lange funktioniert und ich weiß, wie, und daß es hält. Das ist etwas, das läuft, da muß ich mich nicht drum kümmern. Das schenkt mir Lebenszeit und reduziert die Müllberge bei gleichzeitiger Erhöhung meiner Zufriedenheit. Mein aktuelles Handy habe ich schon seit fünf Jahren und hoffe, daß es noch lange hält. Mein Laptop ist elf Jahre alt. Ich habe noch immer meinen ersten Herd, meinen ersten Kühlschrank (seit 1999!) und meine erste Waschmaschine (2001!). Ich brauche auch keine App, die mir sagt, was im Kühlschrank leer ist und was ich nach deren Dafürhalten nachzukaufen hätte. Erstens kann ich das durch einen Blick hinein selbst feststellen und zweitens möchte ich höchstpersönlich und spontan entscheiden, was ich kochen möchte, und nicht, was mir ein Algorithmus suggeriert.

Möglich, daß die Geräte heute eine bessere Energieeffizienz aufweisen. Dafür haben sie aber eine wesentlich kürzere Lebensdauer, was wie gesagt mehr Müll bedeutet, und für die Herstellung neuer Geräte werden wieder neue Rohstoffe und Energie benötigt. Es entstehen erneut Transport- kosten und Emissionen. Ob die Umweltbilanz dann immer noch so gut aussieht? Bei uns kam früher der "Fernsehmann" und hat repariert. Ge- nauso war es mit Waschmaschine und Co. Man hat die Geräte genutzt, bis definitiv nichts mehr ging. Die Oma hat Socken gestopft, Kleidung geflickt und größenmäßig wieder passend gemacht. Das war nachhaltig!

Aber heute hat man dafür keine Zeit und es lohnt finanziell nicht mehr. Was Neues ist ja preis- günstiger. Dafür wird die Qualität schlechter, wer- den irgendwo auf der Welt Menschen und Res- sourcen ausgebeutet, der Umweltschutz nicht so genau genommen und die Müllberge immer höher. Die Geräte werden allerdings mittlerweile schon so gebaut, daß sie erst gar nicht mehr so lange halten. Dem müßte Einhalt geboten werden. Wieder mehr zu Qualität statt Quantät.

Wegwerfen tue ich nur, was wirklich nicht mehr funktioniert. Wenn ich etwas nicht mehr brauche, frage ich, ob jemand Bedarf hat, gebe die Sachen in ein Sozialkaufhaus oder einen Umsonstladen. Da gibt es mittlerweile Möglichkeiten. Man kann damit Menschen unterstützen und eine Freude ma- chen, die sich die Dinge sonst nicht leisten können.

Vieles von dem, was ich hier schreibe, ist hinreichend bekannt und es sind nicht meine persönlichen Ideen. Aber auch ich beobachte diesen Wandel und die Entwicklung immer mehr mit großer Sorge und halte hier eine Kurskorrektur für absolut notwendig. Meiner Meinung nach sollte das Onlineangebot Handel, Unternehmen und Institutionen vor Ort sinnvoll ergänzen und die Menschen unterstützen. Aber alles scheint davon immer mehr vereinnahmt, geradezu aufgefressen zu werden. Ich halte dies für bedenklich, und wenn wir hier nicht gegensteuern, entgleitet uns möglicherweise die Kontrolle und es besteht die Gefahr, daß bald fast alles nur noch online möglich sein wird und die anderen Optionen irgendwann verdrängt werden – mit allen damit verbundenen Konsequenzen.

Ich denke, einen kleinen Beitrag kann jeder leisten. Bewusster konsumieren, Dinge länger nutzen, mehr regional kaufen und produzieren. Das örtliche Fachgeschäft unterstützen. Und auch mal einen netten Plausch mit der Verkäuferin oder anderen Kunden halten. Die Ware live sehen, anfassen können und direkt entscheiden, ob man sie möchte oder nicht. Das reduziert Retouren auf dem Postweg, die zusätzliche Emissionen und weiteren Müll erzeugen. Mehr bar bezahlen, damit nicht jede Transaktion und jeder Einkauf im Detail abgespeichert ist. Dienstleistungen von einer entsprechenden Institution erledigen lassen (zumindest da, wo es noch umsetzbar ist), statt alles selbst online zu machen, reparieren statt wegwerfen und so weiter. Das mag zwar im ersten Moment teurer und aufwendiger erscheinen, aber es macht sich anderweitig positiv bemerkbar. Und man umgeht die Datenerfassung zumindest ein bisschen. Komplett missen möchte es keiner, das wäre auch gar nicht möglich. Das Rad läßt sich nicht mehr zurückdrehen. Es hat wie bereits erwähnt viele Vorteile und es eröffnet Möglichkeiten, die man sonst gar nicht hätte. Es gilt, als Anbieter benutzerfreundlichere Systeme und Bedingungen zur Verfügung zu stellen und die Menschen in dieser Entwicklung mitzunehmen, und seitens der Verbraucher einen angemesseneren, bewußteren Umgang zu finden, wo es noch möglich ist. Daß wir uns im Wandel befinden, steht außer Frage. Dabei sollte aber stets der Mensch den Mittelpunkt bilden und nicht die Computersysteme.

Ich gebe die Hoffnung nicht auf, daß es nochmal zu einem Umdenken kommen kann. Vielleicht leistet mein Buch einen kleinen Beitrag dazu und liefert Denkanstöße. Konsumieren Sie bewußter, bleiben Sie kritisch, authentisch, selbstbestimmt und vor allem gesund in diesen Zeiten. Gehen Sie raus (im Rahmen des Möglichen), tun Sie Dinge, die *IHNEN* Spaß machen – in der Welt außerhalb des World Wide Web.

Ich schließe mit einem Zitat von Georg Christoph Lichtenberg, in welchem es sinngemäß heißt: *„Es ist nicht gesagt, daß es besser wird, wenn es anders wird. Wenn es aber besser werden soll, muß es anders werden."*

Und die Moral von der Geschicht'

Nochmal stichpunktartig zusammengefaßt halte ich, resultierend aus meinen Erlebnissen und Erfahrungen, für ein langfristiges Gelingen der Digitalisierung und des Wandels *im Sinne des Verbrauchers* folgendes für erforderlich, und wir Verbraucher sollten dies von Anbietern und Politik einfordern:

- Zugänglichkeit der Medien und Systeme für Jedermann
- Überschaubare, transparente und verständliche Inhalte und Prozesse
- Bedienerfreundlichkeit - einfach und nachvollziehbar statt zeitaufwendig, komplex und unverständlich
- Anbieter sollen keine halbfertigen Systeme auf den Markt lancieren, wo der Kunde mit den auftretenden Unzulänglichkeiten zu kämpfen hat, sondern ausgereifte und funktionsfähige Lösungen
- Prompte, persönliche Erreichbarkeit von Ansprechpartnern und Support anstelle von stundenlangen Warteschleifen
- Statt uns zu vereinnahmen, steuern, manipulieren, kontrollieren, sollen Systeme uns unter-

stützen und bei der Lösung unserer Probleme helfen. Die Systeme sollen dem Menschen dienen, nicht der Mensch den Systemen

- Der Datenschutz muß im erforderlichen Maße gewahrt werden. Der Kunde muß einen übersichtlichen und verständlichen Einblick in die Verwendung seiner Daten nehmen können
- Das Online-Angebot dient als Ergänzung zu Handel, Institutionen, usw., nicht zur Verdrängung derselben bei gleichzeitigem Abwälzen von immer mehr Aufwand und Verantwortung auf den Verbraucher

Seitens der Verbraucher kann dieser seine Systemabhängigkeit durch einen bewußteren Umgang mit den Medien sowie bewußterem Konsumverhalten reduzieren. Daraus resultiert unter anderem einen Gewinn an Lebenszeit und es ist ein Beitrag zum Umweltschutz.

Zur Entstehung des Buches,
zu meiner Person
und
Dank

Zur Entstehung dieses Buches und zu meiner Person

Immer mal wieder war der Wunsch in mir, ein Buch zu schreiben. Aber worüber?

Als Jugendliche habe ich Ansichtskarten von meinen Reisen oft in Reimform geschrieben. Das fiel mir sehr leicht, ich hatte Spaß beim Verfassen und die Empfänger beim Lesen. Woher meine dichterische Begabung kommt, vermag ich nicht zu sagen. Mir ist nicht bekannt, daß diese in der Famile vorhanden wäre und somit ein genetisches Erbe vorliegen könnte. Ich habe als Kind bei meiner Oma oft Wilhelm Busch gelesen, auch Gedichte von Heinz Erhardt, wie zum Beispiel „Die Made" – herrlich! Vielleicht hat dies dazu beigetragen. Aber ich habe nicht die Berühmtheit, damit Geld zu verdienen. Ich habe mir auch nie weiter darüber Gedanken gemacht.

Ich führe Buch über meine Reisen und habe hierbei immer wieder tolle Erlebnisse und Begegnungen. Aber es gibt so viele Reiseberichte auf dem Markt, braucht es da meine noch?

Meine Biografie? Ich bin keine bekannte Persönlichkeit. Höhen und Tiefen gibt es überall und es gibt sicherlich bewegtere Lebensläufe als meinen.

Mein Berufsleben? Das geht schon eher in eine Richtung. Kollegen haben mir mehrfach gesagt, daß ich Sachverhalte sehr gut formulieren würde. Aber es ist mittlerweile eine allgemeine Entwicklung, was hier passiert und ich bin damit nicht alleine. Als ich jedoch in diesem Bereich zunehmend Sinnfreiheit empfinde und dazu noch in der privaten Bürokratie immer mehr skurrile Geschichten erlebe, gedeiht eine Idee. Bürokratie, Digitalisierung und mangelnder Service bereiten massig Ärger und bedeuten immer höheren Verlust an Energie und Lebenszeit, liefern aber durchaus auch Stilblüten, Anekdoten und Situationskomik. Beim Erzählen mit Freunden und Bekannten, was ich gerne mit Humor und einer gewissen Ironie tue, habe ich damit einige Lacher erzeugt. Aber egal mit wem man spricht kristallisiert sich heraus, daß jeder mit derartigen Geschichten konfrontiert ist und es ein gesellschaftliches Phänomen zu sein scheint. Kommentare wie „das ist ja echt ein Slapstick", „besser als jede Comedy" bis hin zu „du solltest ein Buch schreiben" sowie positives Feedback zu einem von mir verfasstem Leserbrief, der veröffentlicht wurde, brachten mich darauf, einige dieser Geschichten exemplarisch niederzuschreiben.

Aber es ist nicht wirklich lustig, was hier passiert, sondern eher ein Trauerspiel. Der aktuelle

Wandel wirkt sich auf diverse Bereiche aus. So habe ich auch die Seite der Mitarbeiter und das aktuelle Arbeitsleben beleuchtet, Gedanken zu Konsum und Umwelt angerissen (was allerdings eigene und sehr umfangreiche Themen sind), die guten Seiten der Digitalisierung und was meiner Meinung nach wünschenswert wäre, damit es besser läuft. Ein Thema ergab das andere. Positive Nebeneffekte: ich habe mir meinen Ärger über diese Themen von der Seele geschrieben und meine Freude am Schreiben wiederentdeckt. Es stand einiges an Arbeit dahinter, zumal es mein erstes Buch ist. Ich mußte recherchieren, wie so etwas überhaupt umgesetzt werden kann. Ich habe viel dabei gelernt, es hat mich mit Sinn erfüllt und mir neue Energie gegeben.

Ich bin Jahrgang 1969, habe ein betriebswirtschaftliches Studium und bin im kaufmännischen Bereich tätig. In meiner Freizeit gehe ich gerne spazieren und wandern, mag Schwimmen, Wellness, Reisen und vieles mehr. Ich habe schon immer Dinge kritisch hinterfragt und Mißstände angesprochen. Ein Motto von mir ist: wenn man nichts sagt, kann man auch nichts ändern. Ich möchte den Menschen etwas mitgeben, zum Nach- und vielleicht auch Umdenken anregen.

Danke!

Ich danke:

meiner besten Freundin, die seit über 30 Jahren trotz eigener Familie immer ein Ohr für mich hat, an mich glaubt und durch dick und dünn mit mir geht,

meinen Freunden und Bekannten,

meinem Coach, der mich in einigen Bereichen auf oft unkonventionelle Art auf neue Wege gebracht hat,

dem Freund meiner Mutter, der mir immer wieder guten Input gibt,

allen, die mich kennen und mögen.

Ich bin dankbar

für meine relativ gute Gesundheit,

daß ich in unserem Land mit vielen Möglichkeiten lebe,

für die schönen Ausflüge, Reisen, Wanderungen, die ich bislang gemacht habe und noch machen werde,

für die schönen und guten Dinge in meinem Leben,

für die Möglichkeit, dieses Buch veröffentlichen zu können.